# 面向金融大数据的若干聚类方法改进与应用研究

王丽敏　韩旭明　著

科学出版社

北　京

# 内 容 简 介

　　大数据是一股颠覆性力量，使各行业机遇与挑战并存。大数据时代的来临，使大数据分析成为各行业竞争发展的变革点。麦肯锡全球研究所的研究显示，数据对于企业的重要性正变得与劳动力和资本并驾齐驱。聚类是数据分析的重要手段之一，面对海量数据，提取有价值的信息具有重要意义。本书是作者几年来科研成果的总结，全书共分 6 章，重点是针对吸引子传播聚类等算法进行若干理论改进与应用研究，并将其用于金融领域中，取得了令人满意的结果。

　　本书可供从事大数据研究的科研人员参考，也可作为高等院校相关专业高年级本科生和研究生的教材。

**图书在版编目 (CIP) 数据**

面向金融大数据的若干聚类方法改进与应用研究/王丽敏，韩旭明著. —北京：科学出版社，2017.11
　ISBN 978-7-03-052453-9

　Ⅰ. ①面⋯　Ⅱ. ①王⋯　②韩⋯　Ⅲ. ①金融–数据处理–研究
Ⅳ. ①F830.41

中国版本图书馆 CIP 数据核字 (2017) 第 055699 号

责任编辑：王　哲　霍明亮 / 责任校对：郭瑞芝
责任印制：张　伟 / 封面设计：迷底书装

科学出版社出版
北京东黄城根北街 16 号
邮政编码：100717
http://www.sciencep.com

北京东华虎彩印刷有限公司 印刷
科学出版社发行　各地新华书店经销

＊

2017 年 11 月第　一　版　开本：787×1092　1/16
2018 年 3 月第二次印刷　印张：8 1/2　插页：5
字数：190 000

定价：**76.00 元**
（如有印装质量问题，我社负责调换）

# 前　　言

　　大数据时代背景下，数据呈现爆炸式增长。各行各业逐步采用计算机技术管理数据，极大地提高生成、收集、存储和处理数据的能力。面对海量数据，提取有价值的信息变得十分困难，借助聚类技术可以挖掘出有助于提高决策准确度和效率的有用信息。本书是作者几年来科研成果的总结。全书共分 6 章，重点是针对吸引子传播聚类算法进行理论改进和应用研究，并将提出与改进的算法应用到相应领域，取得了令人满意的结果，具体研究内容如下。

　　（1）鉴于吸引子传播聚类算法的偏向参数对于聚类结果影响巨大。本书提出六种优化参数的算法，分别是基于果蝇优化的吸引子传播（affinity propagation based on fruit fly optimization，FOA-AP）聚类算法、基于果蝇优化的自适应吸引子传播（self-adaptive affinity propagation based on fruit fly optimization，FOA-SAP）聚类算法、基于烟花爆炸优化的半监督吸引子传播（semi-supervised affinity propagation based on fireworks explosion optimization，FEO-SAP）聚类算法、基于布谷鸟优化的半监督吸引子传播（semi-supervised affinity propagation based on cuckoo search，CS-SAP）聚类算法、基于稳定阈值的吸引子传播（affinity propagation based on stability threshold，STAP）聚类算法和基于约束规则的吸引子传播（constraint rules-based affinity propagation，CRAP）聚类算法。与传统的吸引子传播聚类算法相比，本书提到的 FOA-AP、FOA-SAP、FEO-SAP、CS-SAP、STAP 和 CRAP 等聚类算法可以自适应地搜索两个参数空间，快速、准确地定位最优参数位置，强化算法的局部寻优能力，提升算法的全局探索能力，从而获得最佳聚类结果，提高算法的聚类性能。另外，将本书提出的 STAP 聚类算法应用到房地产上市公司财务评价领域，利用 STAP 聚类指数的新概念评价上市公司绩效，为股票投资和上市公司的发展提供一种有效的参考工具，仿真模拟验证表明，具有较好的应用前景。

　　（2）特征空间维数越高，聚类分析的复杂性就越高。因此，如何进行特征选取，设计有效特征选取的新方法变得尤为重要。相似性度量的定义会直接影响吸引子传播聚类算法的聚类效果。传统的吸引子传播聚类算法中，以欧氏距离作为相似度量方式的算法并没有考虑数据集的空间特征结构，这样会导致聚类效果不佳。依据数据集的空间特征结构，构造合适的相似度矩阵，研究高效、可扩展、适合复杂结构数据集的吸引子传播聚类算法是一个关键问题。鉴于此，本书提出若干优化相似度矩阵的吸引子传播聚类算法，分别是基于变异赋权的吸引子传播（coefficient of variation affinity propagation，CVAP）聚类算法、基于智能赋权的吸引子传播（intelligent weighting based on affinity propagation，IWAP）聚类算法、基于距离贴近度的吸引子传播（close measures affinity propagation，CM-AP）聚类算法、半监督自适应权重吸引子传播（semi-supervised affinity propagation clustering algorithm based on adaptive feature weighted，AFW-SAP）聚类算法、基于结构相似度的半监督自适应吸引子传播（semi-supervised adaptive affinity propagation based on structural similarity，SAAP-SS）聚类算法和基于属性分布相似度的吸引子传播（properties distribution similarity-based affinity propagation，PDS-AP）聚类算法，通过优化相似度矩阵，可以有效地消除量纲影响，明显提高聚类效果，同时拓宽算法处理多种数据的能力，具有很好的鲁棒性。

（3）高维数据进行聚类需解决两个重要问题：一是如何消除数据的冗余性，二是如何在稀疏数据点获取数据集的分布。此外，阻尼因子作为决定吸引子传播聚类算法收敛速度的重要参数，在算法运行的全过程中，一经确定，便不再改变。这无疑削弱了算法的收敛性能，使得阻尼因子不能在算法运行的不同阶段动态调整参数以达到最佳聚类性能。为解决上述问题，本书提出三种优化算法，分别是基于熵权法和主成分分析法相结合的吸引子传播（entropy weight method and principal component analysis affinity propagation，EWPCA-AP）聚类算法、基于奇异值分解的自适应吸引子传播（self-adapting affinity propagation clustering algorithm based on singular value decomposition，SVD-SAP）聚类算法和基于最小簇匹配的流形吸引子传播（affinity propagation based on matching min-cluster hierarchical clustering，MMHC）聚类算法。EWPCA-AP 聚类算法利用熵权法的思想对获取样本数据进行加权，消除数据的冗余性，通过主成分分析对数据进行降维；SVD-SAP 聚类算法通过对高维数据进行奇异值分解操作，消除冗余信息，通过奇异值分解逆运算重构数据，进行降维，降低数据规模，提高算法效率；为使算法的收敛更快，本书提出一种非线性函数策略，根据每次能量函数的收敛情况自适应地调整阻尼系数，提高算法的收敛性能；基于最小簇的匹配的流形吸引子传播聚类算法通过建立无向图，构建一种新的基于图的流形聚类，充分利用传统吸引子传播聚类算法优秀的球形和凸集数据聚类能力，不断聚合最小簇，从而完成流形聚类。另外，将 EWPCA-AP 聚类算法用于我国经济领域评价，得到令人满意的结果。因此，EWPCA-AP 聚类算法具有很好的实用性，为各级政府经济决策提供一种新的参考工具，为各省市经济发展提供有效的参考依据。

本书是在国家自然科学基金项目（项目编号：61202306，61472049，61572225，61402193）、国家社会科学基金项目（项目编号：15BGL090）的资助和支持下完成的。本书是作者与金融大数据深度挖掘研究团队几年来的科研成果总结，值此专著完成之际，诚挚地感谢吉林省互联网金融重点实验室全体教师的鼎力支持与帮助。参与本书撰写的还有国薪桐、张利、孙海波、姬强、王依章等；王念博、郑凯月、李明洋、刘美含、郝志远等研究生为本书的完成付出了辛勤劳动，在此一并表示感谢。

由于作者水平有限，加之金融大数据研究领域纵深宽广，书中难免有不足之处，敬请广大读者批评指正。

王丽敏

2017 年 6 月于长春

# 目　　录

**彩图**

# 第1章 绪 论

## 1.1 研究背景与意义

得益于云计算的推动，大数据乘"云"而上成为时代的特征，中国各行业已步入大数据时代。据统计 Facebook 上每天都有超过 1000 万张的照片更新和 30 亿次的点击率；谷歌公司每天要处理超过 24PT 的数据，这个数据是美国国家图书馆所有纸质出版物所包含数据量的上千倍；同样，Twitter 上几乎每天有超过 4 亿条推文出现。早在 2008 年，*Nature* 就推出 *Big Data* 专刊，而后 2011 年又推出 *Dealing with Data* 专刊。与此同时，世界各国也纷纷围绕大数据问题展开深入研究。2012 年 3 月，美国奥巴马政府斥资 2 亿美元专项启动 "Big Data Research and Development Plan"（大数据研究与发展规划），计划在科学研究、环境、生物、金融、医学等领域利用大数据技术实现新的突破。麦肯锡全球研究所调查数据显示，数据对于企业正变得日趋重要，与劳动力和资本的变化并驾齐驱。大数据是一股颠覆性力量，对于国民经济各个部门既是机遇又是挑战。面对日益增多的大数据，数据挖掘技术的更新应用也日益受到人们的关注。模拟人工智能，数字、信号进行智能化处理，从具有随机特性的数据中提取和挖掘潜在的、有价值的信息，探索各行业在纷繁复杂、瞬息万变的表象中所隐含的内在规律，是数据分析、管理与决策的核心工作。面对每时每刻都在不断激增的海量数据，人类真正能从中获取有价值的信息却寥寥无几，我们逐渐发现，海量信息在给人们带来便利的同时，也带来前所未有的困难与挑战。鉴于此，如何对海量的原始数据进行有效的分析与利用，挖掘出有价值的信息，成为众多研究者共同关注的热点与课题。

数据挖掘的本质就是从大规模的原始数据中，通过一系列科学的分析与处理，发现其中潜在的规律和有价值的信息。聚类是数据挖掘领域中的重要研究方向。针对一组未知数据群，聚类分析是将数据看成对应的点，根据点之间的关系将数据进行分类，最终实现类内相似、类间疏远。聚类是在无监督状态下寻找最优划分的过程，聚类结果将影响人们对数据的利用。因此，聚类结果的精确性尤为重要。而有监督学习是指对新来的数据对象进行划分的一个过程，也就是事先知道各个类的属性，根据每一类确定的属性来划分新的数据对象。目前，聚类分析技术已经成功应用于各个领域，例如，在生物信息方面，经常利用聚类技术对生物的基因进行聚类，对蛋白质结构进行预测，对植物动物进行分类等；在图像处理方面，聚类可以直接用于初步图像分割，提取视频中的关键帧；在模式识别中，聚类分析技术被应用于手写体识别、信号识别、文本识别等方面；另外，聚类技术能用于文本信息的提取选择，并对大量文档进行分类；聚类算法也可以作为分类算法或者其他算法的预处理步骤，经聚类得到未标记样本的类别信息，然后利用这些标记样本作为训练样本创建分类器等；除此之外，聚类分析还经常被应用在选址布局、信息安全、计算机视觉、模糊控制、信息检索、机器学习、数据挖掘、基因选择、最优航空路径选择以及其他社会科学等领域。历经几十年的变化，聚类算法由当初经典的 K-means 算法、FCM 算法、K-medoids 算法、谱聚类等，到现在新算法的不断涌现。本书选择一种比较新的聚类算法——吸引子传播聚类作为研究对象。该算法是 2007 年 Frey 和 Dueck 在 *Science* 上提出的一种基于信念传播的聚类算法。与其他聚类算法相比，具有明显优势。

吸引子传播（affinity propagation，AP）聚类算法将所有数据点视为网络图的节点，通过节点之间的信息传递和竞争，建立数据点之间的依存关系，并且通过不断地竞争，得到最终的聚类中心。该算法与常用的基于划分的聚类算法不同，它事先不指定初始聚类中心，而是将所有的样本点作为潜在的类中心，从而有效地避免初始点选择不佳导致聚类结果陷入局部最优的情况[1]。AP 聚类算法的输入值是样本点之间的相似度矩阵而非原始数据样本，使得其具有较高的运行效率和可伸缩性，能够胜任大规模的数据处理。目前，AP 聚类算法已经成功应用于基因识别[2]、最优航空路线确定[3]、人脸图像聚类[4]等诸多领域，但该算法还处在刚刚发展的阶段。尽管 AP 聚类算法具有很多其他算法无法比拟的优势，并在实际应用中有着良好而稳健的效果，但是它依然要面临一些难题和挑战。鉴于此，本书在保留传统 AP 聚类算法优势的前提下，对其不足之处进行合理有效地改善，提高算法的聚类性能，从而使其更广泛地应用于实际工作中，为政府和企业提供更为有效的决策依据，具有非常重要的意义。

## 1.2　国内外研究现状

AP 聚类算法建立一个数据点网络，每个数据点是网络中的一个节点，不断沿着网络递归传输真实信息来获取一个较好的聚类划分。信息的迭代依据是最小化能量函数，这些信息反映数据点的归属关系。

AP 聚类算法高效快速实用，但是仍旧面临着一些缺陷。

（1）无法获取真实类数。因为该算法内含一个重要参数，即偏向参数（Preference），对聚类结果影响巨大[1]。图 1.1 是 Frey 等在其论文中给出的聚类结果和偏向参数的变化关系图，大概遵循着偏向参数的绝对值越大，类数越少的规律。但是无法获取哪个偏向参数值对应的类数才是真实类数，需要我们采用一些方法搜索到这个合适的偏向参数。王开军等自适应扫描偏向参数空间来搜索聚类数空间以寻找最优聚类结果，在 11 个数据集上都获得真实类数[2]。储岳中等将 AP 聚类算法与核匹配追踪相结合，能够识别 2 个标准 UCI 数据集和遥感图像数据，提高了聚类结果准确率[3]。肖宇等利用半监督技术与 AP 聚类算法结合，大幅度提高聚类精度[4]。董俊等利用指数函数构建了新的可变相似度，将流形数据结构重新构建，增加类间可区分性，在多个数据集上得到真实类数[5]。

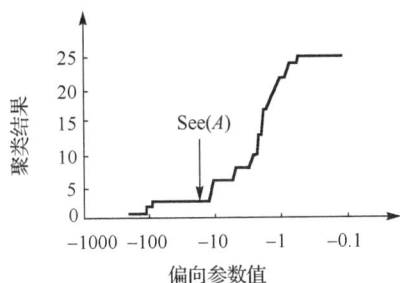

图 1.1　聚类结果和偏向参数的变化关系图（$A$ 是中值）

（2）AP 聚类算法的另一个主要问题就是处理复杂数据，该算法本质上是一个基于距离的算法，因为其中两个重要信息矩阵都是基于两点间相似度的，所以该算法对于满足欧氏空间约束的数据集聚类效果更好。而面对复杂数据，例如，不同密度类簇、多流形等数据聚类效果不佳。冯晓磊针对不同密度簇提出高斯核共享最吸引子相似度，扩展 SNN（spiking neuron networks）在非欧氏空间的扩展性，使距离近的点更加靠近，离较远的点距离更远。针对流形数据提出局部保持的核流形距离，利用高斯核函数构建了新的流形相似度矩阵[6]。Wang 等[7]认为单一类代表模型不足，如场景分析和特征识别模型，提出一种多样本吸引子传播算法，不需要预先指定聚类数目，利用稀疏数据大大减少计算时间和存储，仿真实验使用手写体数字，成果显著。Guan 等[8]提出一种新的半监督文本聚类算法，即基于种子的吸引子传播算法，其主要贡献有两个：①一种新的相似性度量方法，捕捉到文本的结构信息；②一种半监督聚类过程种子的工作方法。将其应用到 Reuters-21578 数据集，比较分析 K-means 的算法、传统 AP 聚类算法和改进算法的聚类性能，结果表明，提出的相似性度量效果明显，比原 AP 聚类算法的 F 值高约 21%，提出的半监督策略迭代次数只用原算法的 76%，明显提高了聚类执行时间（是 K-means 算法的 20 倍），并与其他方法相比提高了鲁棒性。Kumar 等[9]提出了一种新的基于图形的方法，用来提取手写文本行的单色阿拉伯语文档图像。第一步利用主成分定义线和变音符号，每个主成分建立一个稀疏相似性图，然后使用最短路径算法计算非相邻组件之间的相似性。第二步将次要组件分配给每一个文本行，并使用像素匹配的标准评估该方法。他们还提出了一种人为减少文本行之间间距检测方法，证明其方法的鲁棒性。Akl 等[10]提出了一种手势识别系统，该系统采用 AP 聚类算法规整动态时间，实现几乎完美的用户依赖性识别。Dueck 等[11]认为寻找一个治疗组合是 NP-hard 问题，但各种贪婪算法可以应用，引入 AP 聚类算法用于处理组合设计问题。Givoni 等[12]扩展了 AP 聚类算法模型来解释半监督聚类，提出一个半监督算法，可以使用实例约束来指导聚类，相比其他的半监督学习方法，其可以实现更好的性能。

（3）除了理论改进之外，大量学者将 AP 聚类算法应用各个领域：管仁初等[13]提出了一种能够包含文本结构信息的非欧氏空间相似性度量算法，选用标准数据集 Reuters-21578（文本数据集）进行了验证，明显优于其他算法。Yang 等[14]构建了一个关于样本点邻域及其覆盖点数的 Preference 计算方式，使可以成为代表点的样本点代表性放大，并构建一个二元相似性函数，应用在图像分割和彩色图像聚类中，比传统算法获得的效果更好。何晏成[15]在文本聚类中,利用 AP 聚类算法的聚类结果,采用凝聚层次聚类算法二次聚类,克服了文本数据高维稀疏的问题。鲁伟明等[16]将 MapReduce 技术引入到 AP 聚类算法中,实现了对大规模高维数据的高效聚类,采用了 MSRA 数据集、JAFFE 数据集和人工数据集验证该机制的有效性。许晓丽等[17]将 MS(mean shift)算法和 AP 聚类算法结合,用于彩色图像分割,MS 先对目标图像进行初步分割,计算分割后的区域所有像素的彩色向量平均值作为 AP 聚类算法的输入数据,运行时间和分割效果都有显著性的提高。Hassanabadi 等[18]将 AP 聚类算法用于车载 Ad Hoc 网络。由于网络是高度动态的,有恶劣的信道条件,所以一个合适的聚类算法必须对信道错误具有鲁棒性并考虑节点移动性。他提出了一种新的流动性车辆自组织网络集群计划,形成集群过程中使用 AP 聚类算法。该算法考虑节点在集群形成中的移动性,产生高稳定性的集群。仿真结果证实其相比其他流动性为基础的聚类算法性能更加优越。Givoni 等[19]为了将 AP 聚类算法应用在真正 HIV(human immunodeficiency virus)序列中,提出层次吸引子传播算法,设计了一个高阶图形化模型。在人工数据集仿真模拟实验中,模仿艾滋病毒的应变突变动力学,该算法优于相关的算法。在进行神经元分类研究中,Santana 等[20]发现定义一个神经元细胞类,需要一个高效的无监督聚类算法聚类分析神经元细胞类的形态、生理或分子特征,选择 AP 聚类算法完成这部分工作,使用 337 类四亚型测试数据集,结果证明该算法能够正确分类神经元。Zhang 等[21]把 AP 聚类算法引入到数据流聚类中,解决变化检测问题,在标准数据集和实际应用中验证提出的算法。Shang 等[22]提出了一种新的快速吸引子传播聚类方法,同时考虑局部和全局数据结构中包含信息,是一种优质的多级图划分方法,内含一种新的快速采样算法,即一种密度加权谱聚类方法。所有数据点聚类任务可以通过其相应的有代表性的范例实现。实验结果表明,该算法优于 AP 聚类算法和谱聚类算法。Sun 等[23]为了识别弱图案和减少局部最优,提出了一种新的算法 AP-Motif,应用 AP 聚类算法在 DNA 序列产生良好的候选图案,然后使用 EM 算法从候选图案中获得最佳图案。仿真模拟实验表明,AP-Motif 优于其他四种广泛使用的算法[24]。

## 1.3　本书主要研究内容

本书针对智能聚类算法进行系统梳理,重点是在 AP 聚类算法基础上,进行理论改进研究和应用研究,并将提出和改进后的算法应用到不同领域,其主要研究内容及创新之处概括如下。

(1)鉴于 AP 聚类算法的偏向参数对于聚类结果影响巨大,本书提出五种优化参数的算法,并与传统的 AP 聚类算法相比发现,本书提出的五种优化参数的算法可以自适应地搜索两个参数空间,快速、准确地定位最优参数位置,强化算法的局部寻优能力,提升算法的全局探索能力,从而获得最佳聚类结果,提高算法的聚类性能。

(2)传统的 AP 聚类算法中,以欧氏距离作为相似度量方式的算法并没有考虑数据集的空间特征结构,这样会导致聚类效果不佳,设计有效特征选取的新方法变得尤为重要。依据数据集的空间特征结构,构造合适的相似度矩阵,研究高效、可扩展、适合复杂结构的数据集的吸引子传播聚类算法是一个关键问题。鉴于此,本书提出几种优化相似度矩阵的 AP 聚类算法,通过优化相似度矩阵,可以有效地消除量纲影响,聚类效果明显提高,同时,拓宽算法处理多种数据的能力,具有很好的鲁棒性。

（3）针对高维数据进行聚类和阻尼因子对 AP 聚类算法聚类性能的影响，本书提出三种优化算法，通过主成分分析对数据进行降维，奇异值分解操作，消除冗余信息，进行降维，降低数据规模，提高算法效率；为使算法的收敛更快，提出一种非线性函数策略，根据每次能量函数的收敛情况自适应地调整阻尼系数，提高算法的收敛性能；基于最小簇的匹配的流形 AP 聚类算法通过建立无向图，构建一种新的基于图的流形聚类，充分利用传统 AP 聚类算法优秀的球形和凸集数据聚类能力，不断聚合最小簇，从而完成流形聚类。

## 1.4　本书结构安排

本书共 6 章，各章内容概括如下。

第 1 章，绪论部分，主要介绍撰写本书的背景和意义，AP 聚类算法的国内外研究现状，以及本书的主要研究内容。

第 2 章，聚类算法的理论基础，介绍相似度计算方式，以及对目前较为流行的聚类算法归纳、分类，重点介绍 AP 聚类算法的具体内容。

第 3 章，提出优化参数的算法，分别是基于果蝇优化的吸引子传播（FOA-AP）聚类算法、基于果蝇优化的自适应吸引子传播（FOA-SAP）聚类算法、基于烟花爆炸优化的半监督吸引子传播（FEO-SAP）聚类算法、基于布谷鸟优化的半监督吸引子传播（CS-SAP）聚类算法、基于稳定阈值的吸引子传播（STAP）聚类算法和基于约束规则的吸引子传播（CRAP）聚类算法。

第 4 章，提出若干优化相似度矩阵的 AP 算法，分别是基于变异赋权的吸引子传播（CVAP）聚类算法、基于智能赋权的吸引子传播（IWAP）聚类算法、基于距离贴近度的吸引子传播（CM-AP）聚类算法、半监督自适应权重吸引子传播（AFW-SAP）聚类算法、基于结构相似度的半监督自适应吸引子传播（SAAP-SS）聚类算法。

第 5 章，提出三种优化算法，分别是基于熵权法和主成分分析法相结合的吸引子传播（EWPCA-AP）聚类算法、基于奇异值分解的自适应吸引子传播（SVD-SAP）聚类算法和基于最小簇匹配的流形吸引子传播（MMHC）聚类算法。

第 6 章，结论与展望。

## 参 考 文 献

[1] 张震, 汪斌强, 伊鹏. 一种分层组合的半监督吸引子传播聚类算法. 电子与信息学报, 2013, (3): 645-651.

[2] 王开军, 张军英, 李丹. 自适应仿射传播聚类. 自动化学报, 2007, 33(12): 1242-1246.

[3] 储岳中, 徐波, 高有涛. 基于吸引子传播聚类与核匹配追踪的遥感图像目标识别方法. 电子与信息学报, 2014, (12): 2923-2928.

[4] 肖宇, 于剑. 基于吸引子传播算法的半监督聚类. 软件学报, 2008, 19(11): 2803-2813.

[5] 董俊, 王锁萍, 熊范纶. 可变相似性度量的吸引子传播聚类. 电子与信息学报, 2010, 32(3): 509-514.

[6] 冯晓磊. 近邻传播聚类算法研究. 郑州: 解放军信息工程大学, 2011: 1-84.

[ 7 ] Wang C D, Lai J H, Suen C, et al. Multi-exemplar affinity propagation. IEEE Transactions on Pattern Analysis and Machine Intelligence, 2013, 35(9): 2223-2237.

[ 8 ] Guan R C, Shi X H, Maurizio M, et al. Text clustering with seeds affinity propagation. IEEE Transactions on Knowledge and Data Engineering, 2011, 23(4): 627-637.

[ 9 ] Kumar J, Wael A A, Kang L, et al. Handwritten arabic text line segmentation using affinity propagation// Proceedings of the 9th IAPR International Workshop on Document Analysis Systems, New York, 2010: 135-142.

[10] Akl A, Feng C, Valaee S. A novel accelerometer-based gesture recognition system. IEEE Transactions on Signal Processing, 2011, 59(12): 6197-6205.

[11] Dueck D, Frey B J, Jojic N, et al. Constructing Treatment Portfolios Using Affinity Propagation. Berlin: Springer, 2008: 360-371.

[12] Givoni I E, Frey B J. Semi-supervised affinity propagation with instance-level constraints//Proceedings of the International Conference on Artificial Intelligence and Statistics, Clearwater Beach, 2009: 161-168.

[13] 管仁初, 裴志利, 时小虎. 权吸引子传播算法及其在文本聚类中的应用. 计算机研究与发展, 2010, 47(10): 1733-1740.

[14] Yang C, Bruzzone L, Guan R C, et al. Incremental and decremental affinity propagation for semisupervised clustering in multispectral images. IEEE Transactions on Geoscience and Remote Sensing, 2013, 51(3): 1666-1679.

[15] 何晏成. 基于吸引子传播和凝聚层次的文本聚类方法. 哈尔滨: 哈尔滨工业大学, 2010: 1-60.

[16] 鲁伟明, 杜晨阳, 魏宝刚. 基于 Mapreduce 的分布式吸引子传播聚类算法. 计算机研究与发展, 2012, 49(8): 1762-1772.

[17] 许晓丽, 卢志茂, 张格森. 改进吸引子传播聚类的彩色图像分割. 计算机辅助设计与图形学学报, 2012, 24(4): 514-519.

[18] Hassanabadi B, Shea C, Zhang L, et al. Clustering in vehicular ad hoc networks using affinity propagation. Ad Hoc Networks, 2014, 13: 535-548.

[19] Givoni I, Chung C, Frey B J. Hierarchical affinity propagation. Preprint, arXiv: 1202. 3722, 2012: 1-9.

[20] Santana H R, McGarry L M, Bielza C, et al. Classification of neocortical interneurons using affinity propagation. Front Neural Circuits, 2013, 7(185): 185.

[21] Zhang X L, Furtlehner C, Cecile G R, et al. Data stream clustering with affinity propagation. IEEE Transactions on Knowledge and Data Engineering, 2014, 26(7): 1644-1656.

[22] Shang F H, Jiao L C, Shi J R, et al. Fast affinity propagation clustering: A multilevel approach. Pattern Recognition, 2012, 45(1): 474-486.

[23] Sun C X, Huo H W, Yu Q, et al. An affinity propagation-based DNA motif discovery algorithm. BioMed Research International, 2015: 853-461.

[24] Gelbard R, Goldman O, Spiegler I. Investigating diversity of clustering methods: An empirical comparison. Data & Knowledge Engineering, 2007, 63(1): 155-166.

# 第 2 章　聚类算法的理论基础

## 2.1　相似性度量方式

聚类算法本质上是基于样本间相似度进行分组的，所以定义一个合理的相似性度量方式是至关重要的，这在很大程度上决定了算法的聚类性能。对象之间的相似性通常采用距离函数或相似性度量函数表示，这里的距离不仅仅是欧氏空间上的距离，还包括语义、时间、状态、密度等产生的差距。同样，在处理不同的问题和数据时，应该充分考虑数据自身的特点来采用合适的距离函数。给定两个数据点 $x_i = (x_{i1}, x_{i2}, \cdots, x_{id})^{\mathrm{T}}$ 和 $x_j = (x_{j1}, x_{j2}, \cdots, x_{jd})^{\mathrm{T}}$，本节将对几种常用的相似性度量方式进行详细介绍。

（1）欧氏距离。欧氏距离是指在一个 $d$ 维空间内两个样本点之间直线距离，是数据挖掘中最常用的距离函数，其定义为

$$d_{ij} = \sqrt{\sum_{k=1}^{d} (x_{ik} - x_{jk})^2} \tag{2.1}$$

（2）曼哈顿距离（Manhattan distance）。曼哈顿距离为 L1-距离或城市区块距离，即在欧氏空间的固定直角坐标系上两点所形成的线段对轴产生投影的距离总和，其定义为

$$d_{ij} = \sum_{k=1}^{d} |x_{ik} - x_{jk}| \tag{2.2}$$

（3）切比雪夫距离。切比雪夫距离是指在向量空间中，两个向量对应维度相减后，绝对值最大的数，其定义为

$$d_{ij} = \max_k \left( |x_{ik} - x_{jk}| \right) \tag{2.3}$$

（4）闵可夫斯基距离（Minkowski distance）。闵可夫斯基距离定义的不只是一个距离函数，而是一组距离函数的集合，其定义为

$$d_{ij} = \sqrt[p]{\sum_{k=1}^{d} |x_{ik} - x_{jk}|^p} \tag{2.4}$$

其中，$p>0$ 是一个参数，不难看出，当 $p=1$ 时，该式即为曼哈顿距离；当 $p=2$ 时，即为欧氏距离；当 $p$ 趋向于无穷大时，即为切比雪夫距离。

（5）马氏距离（Mahalanobis distance）。马氏距离表示数据集的协方差距离，它充分考虑每个特性之间的关联，即独立于测量尺度，其定义为

$$d_{ij} = \sqrt{(x_i - x_j)^{\mathrm{T}} S^{-1} (x_i - x_j)} \tag{2.5}$$

其中，$S$ 为协方差矩阵。若 $S$ 为单位矩阵，马氏距离即为欧氏距离。

（6）余弦相似度。余弦相似度是用向量空间中两个向量夹角的余弦值作为衡量两个样本间差异程度。该值越大，表明夹角越小，即两者的方向越一致，两个向量越相似，其定义为

$$d_{ij} = \cos\theta = \frac{x_i \cdot x_j}{\|x_i\|\|x_j\|} = \frac{\sum\limits_{k=1}^{d} x_{ik}x_{jk}}{\sqrt{\sum\limits_{k=1}^{d} x_{ik}^2}\sqrt{\sum\limits_{k=1}^{d} x_{jk}^2}} \tag{2.6}$$

（7）皮尔逊相关系数。皮尔逊相关系数是用于反映变量之间相关关系密切程度的统计指标。皮尔逊相关系数是按积差方法计算，同样以两变量与各自平均值的离差为基础，通过两个离差相乘来反映两变量之间相关程度，其定义为

$$\rho_{XY} = \frac{\mathrm{Cov}(X,Y)}{\sqrt{D(X)}\sqrt{D(Y)}} = \frac{E((X-E(CX))(Y-E(Y)))}{\sqrt{D(X)}\sqrt{D(Y)}} \tag{2.7}$$

皮尔逊相关系数是衡量随机变量 $X$ 与 $Y$ 相关程度的一种方法。相关系数的绝对值越大，则表明 $X$ 与 $Y$ 相关度越高。当 $X$ 与 $Y$ 线性相关时，相关系数取值为 1（正线性相关）或 −1（负线性相关）。

## 2.2　聚类算法分类

由于数据的复杂性和多样性，往往并不存在某种单一的聚类算法使其能够适用所有情况，鉴于此，众多国内外学者根据不同领域的特殊问题，提出大量表现出色的聚类算法。在聚类算法的选择上，需要综合地分析数据的规模与结构特点，并根据算法自身的特性与优势，选择适合的方法。本节对目前较为流行的聚类算法进行归纳、分类，如图 2.1 所示。

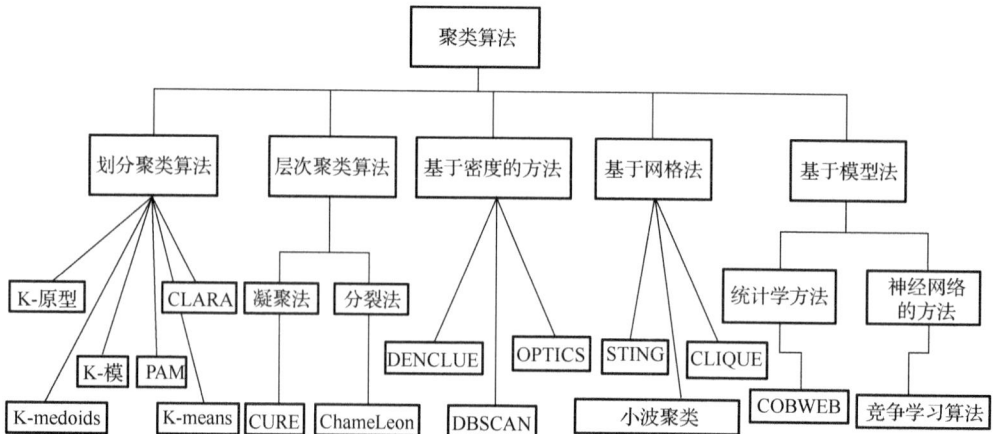

图 2.1　聚类算法分类

### 2.2.1　基于划分的方法

基于划分的聚类算法是应用最为广泛的聚类算法之一，其核心思想是：对于包含 $n$ 个

样本的数据集，预先指定聚类数目 $k$，通过不断优化某种目标划分准则，直到目标函数误差值收敛时，迭代结束并将整个数据集划分为 $k$ 个簇类。基于划分的聚类算法代表有 K-means、K-medoids 等。这里简要介绍 K-means 的基本步骤。K-means 算法的核心在于迭代重划分，其目的是通过不断最小化目标停止准则，最终获得 $k$ 组簇类划分 $C = \{C_1, C_2, \cdots, C_k\}$，平方误差和准则定义为

$$E(C) = \sum_{i=1}^{k} \sum_{x_j \in C_i} \left\| x_j - \mu_i \right\|^2 \tag{2.8}$$

其中，$\mu_i$ 是第 $i$ 个簇类的中心。K-means 算法凭借较高的运行效率和较强的可伸缩性，在各领域都得到广泛的认可与应用。但是该算法极易受到初始点的影响导致其无法得到全局最优，并且该算法只能处理超球形簇结构的聚类问题，无法识别任意形状的聚类结构，易受孤立点的影响也让其应用范围受到限制。

针对 K-means 算法类中心易受孤立点影响的不足，K-medoids 算法每次迭代都选取真实的样本实体作为类代表点，从而避免因求平均值而受孤立点影响的情况出现，然后依旧采用平方误差准则最小原则继续应用划分方法，从而得到最终的簇类中心和所属样本点。

## 2.2.2　基于层次的方法

与基于划分的聚类算法不同，层次聚类算法的主要思想是将数据点构成一棵聚类树，通过反复分解或聚合操作来获得满足一定要求的聚类结果。层次聚类算法分为两种基本形式：凝聚法和分裂法。前者是根据由下而上的策略，将每个样本点视为一个簇，直到所有实体聚为一个簇或达到某个终止条件，聚类结束[1]。后者是通过由上而下的策略，首先将所有的样本点视为一个簇，根据阈值不断分裂，直到每个样本点自成一簇或达到某个终止条件，聚类结束。

经典层次聚类算法一个关键的步骤是定义簇之间的距离方式，常用的簇间距离度量方法主要有以下几种。

（1）最近距离：两个簇类中距离最近的数据点之间的距离代表类间距离，即

$$D_{\min}(C_i, C_j) = \min_{x \in C_i, y \in C_j} |x - y| \tag{2.9}$$

其中，$C_i$，$C_j$ 代表两个簇类，$x$ 属于簇类 $C_i$ 中的数据点，$y$ 属于簇类 $C_j$ 中的数据点。

（2）最远距离：两个簇类中距离最远的数据点之间的距离代表类间距离，即

$$D_{\max}(C_i, C_j) = \min_{x \in C_i, y \in C_j} |x - y| \tag{2.10}$$

（3）质心距离：两个簇类各自质心之间的距离代表类间距离，即

$$D_{\text{mean}}(C_i, C_j) = \left| m_i - m_j \right| \tag{2.11}$$

其中，$m_i$ 与 $m_j$ 分别是簇类 $C_i$ 和 $C_j$ 的平均值。

（4）平均距离：两个簇类中所有样本点间距离的均值代表类间距离，即

$$D_{\text{avg}}(C_i, C_j) = \frac{1}{n_i n_j} \sum_{x \in C_i} \sum_{y \in C_j} |x - y| \tag{2.12}$$

其中，$n_i$ 是 $C_i$ 簇类中数据点的数目；$n_j$ 是 $C_j$ 簇类中数据点的数目。

采用不同的距离度量方法，将得到不同的层次聚类算法。采用最近距离度量代表类间距的层次聚类算法称为单连接算法（single-linkage algorithm），采用最远距离度量代表类间距的层次聚类算法称为全连接算法（complete-linkage algorithm），采用平均距离度量代表类间距的层次聚类算法称为平均连接算法（average-linkage algorithm）。

层次聚类算法执行比较简单，在凝聚或分裂的过程中对应空间尺度的变化，能够处理多尺度的聚类问题。但是，该算法也存在明显的局限性。

（1）聚类操作不可恢复，容易受到中间操作的影响，如单连接与全连接算法易受噪声点的影响。

（2）聚类终止条件（空间簇或最近空间簇间的距离阈值）难以确定。

（3）聚类开销较大，难以在大规模数据中应用。

### 2.2.3　基于密度的方法

鉴于层次聚类算法和划分式聚类算法往往只能发现凸形聚类簇，开发出基于密度的聚类算法[2]，以便发现各种任意形状的聚类簇。该类算法的核心思想是：在整个样本空间点中，各目标簇类由一群稠密样本点组成，并且这些稠密样本点被低密度区域（噪声）分割，而算法的目的就是要过滤低密度区域，发现稠密样本点[3]。作为最经典的密度聚类算法——DBSCAN（density-based spatial clustering of applications with noise）算法，基本思想在于采用一定邻域范围内包含实体的最小数目来定义密度的概念，并通过不断生长高密度区域进行空间聚类操作。DBSCAN 算法相关概念定义如下。

**定义 2.1**（密度）　空间中任意一点的密度是以该点为圆心，以 Eps 为半径的圆区域内包含点数目。

**定义 2.2**（$\varepsilon$ 邻域：neighborhood）　空间中任意一点的邻域是以该点为圆心，以 Eps 为半径的圆区域内包含的点集合。

**定义 2.3**（核心点：core points）　空间中某一点的密度如果大于某一给定阈值 MinPts，则称该点为核心点。

**定义 2.4**（边界点：border points）　空间中某一点的密度如果小于某一给定阈值 MinPts，则称该点为边界点。

**定义 2.5**（直接密度可达到）　点 $p$ 从点 $q$ 直接密度可达，若它们满足：①$p$ 处于 $q$ 的邻域中；②$q$ 是核心点。

**定义 2.6**（密度可达到）　点 $p$ 从点 $q$ 密度可达（$p_1, p_2, \cdots, p_n$，$p_1 = p, p_n = q$），且有 $p_i$ 从 $p_{i+1}$ 直接密度可达。

**定义 2.7**（密度连接）　点 $p$ 和点 $q$ 是密度连接的，若对任意的点 $o$，使 $p$ 和 $q$ 都点 $o$ 密度可达。

**定义 2.8**（类：cluster）　数据库 $D$ 的非空集合 $C$ 是一个类，当且仅当 $C$ 满足以下条件：①对于 $p$ 和 $q$，若 $p \in C$，且从 $p$ 密度可达到 $q$，则 $q \in C$；②对于 $p$ 和 $q$，有 $p \in C$ 与 $q \in C$，则 $p$ 和 $q$ 是密度连接的。

**定义 2.9**（噪声：noise）　数据集 $D$ 中不属于任何类的点为噪声。

DBSCAN 的算法流程如表 2.1 所示。

表 2.1 DBSCAN 的算法流程

| DBSCAN 的算法流程 |
| --- |
| 输入：①$\varepsilon$ 邻域半径；②MinPts：邻域包含最小样本点个数；③数据集 $D$ |
| 输出：$k$ 个空间簇类 |
| 步骤 1：针对每个样本点判断是否为核心点 |
| 步骤 2：repeat |
| 步骤 3：选取一个未标记的核心点，加入所有核心点的直接密度可达对象，记为一个簇类 |
| 步骤 4：直到所有核心点被全部标记 |
| 步骤 5：未加入任何簇类的样本点记为孤立点 |

DBSCAN 算法能够识别任意形状的空间簇类，并有效识别孤立点，在采用空间索引的情况下，可以胜任大规模数据的应用。但是该算法同样具有较为明显的局限性。

（1）算法对参数的变化过于敏感，参数调节成本较大。

（2）全局的参数设置难以适应数据密度分布不均匀的特点。

（3）算法难以识别簇与簇相互邻接（如"颈"问题）情况下的聚类问题。

### 2.2.4 基于模型的方法

基于模型的聚类算法的主要思想是假设数据分布服从某种特定的数学分布，目的是寻找数据与给定模型的最佳拟合。基于模型的算法通常是假定数据集是由混合概率分布构成的，每种概率分布代表一个簇。具有代表性的算法有：最大期望（expectation maximization，EM）算法和 COBWEB 算法。本书简要介绍 EM 算法。

在统计计算中，EM 算法是在概率（probabilistic）模型中寻找参数最大似然估计或者最大后验估计的算法，其中概率模型依赖于无法观测的隐藏变量（latent variable）。它可以从非完整数据集中对参数进行最大似然估计，是一种非常简单实用的学习算法[4]。EM 算法借助最大似然估计的方法来估计混合模型概率分布的参数，进而计算每个样本点属于每个分布的概率，并将样本点指派到每个簇中[5]。迭代计算参数新的估值，直到参数估值不再变化或改变很小时，聚类完成。EM 的算法流程如表 2.2 所示。

表 2.2 EM 的算法流程

| EM 的算法流程 |
| --- |
| 输入：①聚类数目 $k$；②数据集 $D$ |
| 输出：$k$ 个空间簇类 |
| 步骤 1：初始化模型参数 |
| 步骤 2：repeat |
| 步骤 3：E 步对于每个样本点，计算其属于每个分布的概率，并将其分配到相应的簇 |
| 步骤 4：M 步根据期望步得到的概率重新估计模型参数 |
| 步骤 5：模型参数不再改变或参数该变量低于给定阈值 |

EM 算法与划分的算法有相似之处，可以发现大小不同的球形簇，而且 EM 算法运行

速度快，时间复杂度近似线性。但是该算法假设每个属性上的概率分布是彼此独立的，然而在实际情况下这一假设往往不成立。

## 2.2.5　基于网格的方法

基于网格的算法是采用基于网格的数据结构进行聚类，在某种程度上与基于密度的聚类算法相似，但其一般具有发现不同分辨率簇类的能力，且运行速度快，处理时间独立于数据点的数目，只与空间中每一维单元数目有关。典型的网格聚类算法有 CLIQUE 算法、小波聚类算法以及 STING 算法等[6]。本书简要介绍小波聚类算法。

小波聚类（wave cluster）算法的核心思想是：采用与数据集维度相同的多维网格将原始待分析的数据量化到特征空间中，通过小波变换将原始数据转换到频率域，在变换后的空间内寻找高密度的簇类，然后通过算法提供的映射表确定原始数据集中各数据点所属的聚类，这样就可以根据用户需求从各聚类中取适当的数据点以形成简化的数据集。

小波聚类的算法流程如表 2.3 所示。

表 2.3　小波聚类的算法流程

| 小波聚类的算法流程 |
| --- |
| 输入：数据集 $D$ |
| 输出：空间簇类 |
| 步骤 1：量化特征空间，并采用多维网格结构汇总数据 |
| 步骤 2：对量化后的特征空间进行小波变换 |
| 步骤 3：在不同层次的变换空间中识别连通的单元 |
| 步骤 4：给每个量化单元添加聚类标识 |
| 步骤 5：创建查找表 |
| 步骤 6：将变换空间中的簇映射到特征空间 |

小波聚类算法具有较高的运行效率、近似线性的时间复杂度，其能够从不同的空间尺度发现任意形状的空间簇，且对噪声稳健[7]。此外，小波聚类算法能够高效地处理大规模数据，并且对数据的输入次序不敏感。但是小波聚类算法与传统的密度聚类算法具有同样的局限性，即难以适应空间数据不均匀及密度变化较大的情况，而且很难同时兼顾空间邻近和专题属性相似。

## 2.2.6　吸引子传播聚类算法

吸引子传播（AP）聚类算法不同于 $K$ 中心聚类算法，其对初始类中心不敏感。因为 AP 聚类算法将所有数据点作为潜在的类中心。该算法建立一个数据点网络，每个数据点是网络中的一个节点，不断沿着网络递归传输真实信息来获取一个较好的聚类划分。这些信息就反映了数据点的归属关系。

AP 聚类算法是一种通过吸引子信息传播寻找到最优的类代表点集合的聚类算法。该算法是将所有的数据点看作潜在的类代表点，避免聚类结果受限于初始类代表点的选择[8]。传统的 AP 聚类算法是以欧氏距离作为相似度量方式，即

$$s(i,k) = -d_{ik}^2 = -\left\| x_i - x_k \right\|^2 \tag{2.13}$$

AP 聚类算法聚类过程中，在两种重要信息迭代之前，需要确认偏向参数 Preference 的值，即 $s(k,k)$[9]，该算法认为 $s(k,k)$ 越大，其对应的点 $k$ 被选中作为类代表点的可能性越大。最终 AP 聚类算法的聚类类数会被 Preference 的值所影响。AP 聚类算法初始假设所有的数据点被选为类代表点的可能性相同，即设定所有的 $s(k,k)$ 为相同值 Preference[10]，Preference 值不同，产生的聚类结果不同。在传统的 AP 聚类算法中，Preference 值一般是相似性矩阵 $S$ 的中值或者最小值[11]。

AP 聚类算法有两种重要的信息，每种信息都是不同代表点的竞争方式。它们在数据点间不断传播，最终得到一个较为合理的聚类结果。为选出合适的类代表点而不断搜索两个不同的信息[12]，即吸引度和归属度[13]。对于任意一个样本点，在任何一个迭代更新阶段，这两种信息共同决定某一个样本点作为类代表点和哪些样本点归属于这个类代表点。AP 聚类算法的迭代过程就是吸引度和归属度两个信息量交替更新的过程[14]，初始时，设 $a(i,k)=0$，两个信息更新为

$$r(i,k) \leftarrow s_{i,k} - \max_{k's.t.k' \neq k} \left\{ a(i,k') + s(i,k') \right\} \tag{2.14}$$

$$a(i,k) \leftarrow \begin{cases} \min\left\{0, r(k,k) + \sum_{i's.t.i' \notin \{i,k\}} \max\left\{0, r(i',k)\right\}\right\}, & i \neq k \\ \sum_{i's.t.i' \neq k} \max\left\{0, r(i',k)\right\}, & i = k \end{cases} \tag{2.15}$$

Responsibility 即是归属度矩阵，它从数据点 $i$ 向候选类代表点 $k$ 发射归属度信息，反映了点 $k$ 作为点 $i$ 的聚类中心的积累证据，此时，与点 $k$ 竞争作为点 $i$ 类中心代表点的数据样本有很多，Responsibility 即是为选出一个优胜者而建立的信息矩阵。Availability 信息从候选类代表点 $k$ 向数据点 $i$ 发射信息，反映了对于点 $i$ 选择点 $k$ 作为其聚类中心的积累证据，此时，也有其他点选择点 $k$ 作为聚类中心，Availability 也是为这种竞争机制建立的信息矩阵。

在第一次迭代过程中，因为 Availability 矩阵 $A(i,k)=0$，所以 Responsibility 矩阵 $R(i,k)$ 即是数据点 $i$ 和点 $k$ 之间的相似度，点 $k$ 作为点 $i$ 的类代表点，差值就是数据点 $i$ 和所有其他类代表点之间的最大的相似度。这种竞争性的迭代更新是数据驱动的，并不是由多少数据点对其类代表点的喜爱决定的。在以后的迭代过程中，一些点逐渐高效地分配到每个类代表点下，可以由 Availability 更新公式得出，Availability 矩阵 $A(i,k)$ 会逐渐成为负数，在上述规则中，这些负的 Availability 值会增加数据点间的相似度的作用效果，消除一些竞争类代表点的数据点。

在 $i=k$ 的情况下，Availability 的更新情况有所不同，Responsibility 矩阵 $R(i,k)=0$ 就会变成使得数据点 $k$ 作为类代表点的 Preference 值，$R(i,k)$ 是 $S(k,k)$ 减去数据点 $i$ 和其他候选类代表点相似度的最大值，作者称其为自归属度(Self-Responsibility，$R(k,k)$)，反映了点 $k$ 作为一个类代表点，其作为其他点的类代表点的不合适程度。

Responsibility 更新过程，即是这些候选类代表点决定了每一个数据点的拥有权，此后的 Availability 的迭代则进一步决定哪些候选类代表点的聚类结果较好。这是一个筛选最终类代表点的信息迭代方式。

Availability 矩阵 $A(i,k)$ 是自归属度矩阵 Self-responsibility $R(k,k)$ 加上候选类代表点 $k$

从其他数据点接受正值的 Responsibility 信息的和。正值的 Responsibility 更能说明该候选类代表成为类代表点更好，更能够统领其他的数据点，而负值的 Responsibility 不会被考虑在内，因为它们无法更好地解释其成为其他数据点代表点的能力。同样地，Self-responsibility $R(k, k)$如果是负数，则说明点 $k$ 不适合作为类中心，而适合成为其他类代表点的归属点。对于类代表点 $k$，其归属点的 Responsibility 是正值，则说明点 $k$ 的 Availability 会增加，其最终在候选类代表点中会胜出，成为一个类代表点。显而易见，在上述过程中一些与类代表点相关的 Responsibility 正值对于其竞选类代表点至关重要，因此如果某些 Responsibility 正值的个数虽然少，但是正值本身却很大，这样的点在上述竞争体制中成为特殊点，会产生不符合数据特征的聚类结果。为了限制这种特殊情形，我们引入自吸引度(Self-availability，$A(k, k)$)，控制吸引度矩阵的值永远都小于 0，使得奇异点对最终的聚类结果影响减小。Self-availability 反映了点 $k$ 是类中心的积累证据。

通过数据点之间吸引度和归属度两个信息量交替更新，最终确定数据点 $k$ 作为类代表点，即

$$\arg \max_{k} \big(a(i, k) + r(i, k)\big) \tag{2.16}$$

整个 AP 聚类算法能够利用计算机很快地计算两种重要的相似度，然后得到一些合理的聚类类数。上述公式决定任意一个点 $i$ 在 $i=k$ 的情形下，$i$ 即是类中心点。算法最终会因为两种信息小于某一个阈值，或者局部的迭代情况不产生变化而终止。

为了避免在迭代过程中出现数值振荡，AP 聚类算法在更新时引入了另一个重要的参数阻尼因子$\lambda$。在每次循环迭代中，当前迭代结果与上次迭代结果加权即可得到 $r(i, k)$ 与 $a(i, k)$ 的更新结果[15]，即

$$r^{(t+1)}(i, k) \leftarrow (1-\lambda)r^{(t+1)}(i, k) + \lambda r^{(t)}(i, k) \tag{2.17}$$

$$a^{(t+1)}(i, k) \leftarrow (1-\lambda)a^{(t+1)}(i, k) + \lambda a^{(t)}(i, k) \tag{2.18}$$

其中，$0 \leq \lambda \leq 1$，默认值为 0.5，$t$ 是当前迭代的次数。如图 2.2 所示，从初始化，第一阶段迭代，第二阶段迭代，第三阶段迭代……，第六阶段迭代，直至收敛，在不断更新迭代的过程中，慢慢会形成较好的聚类。

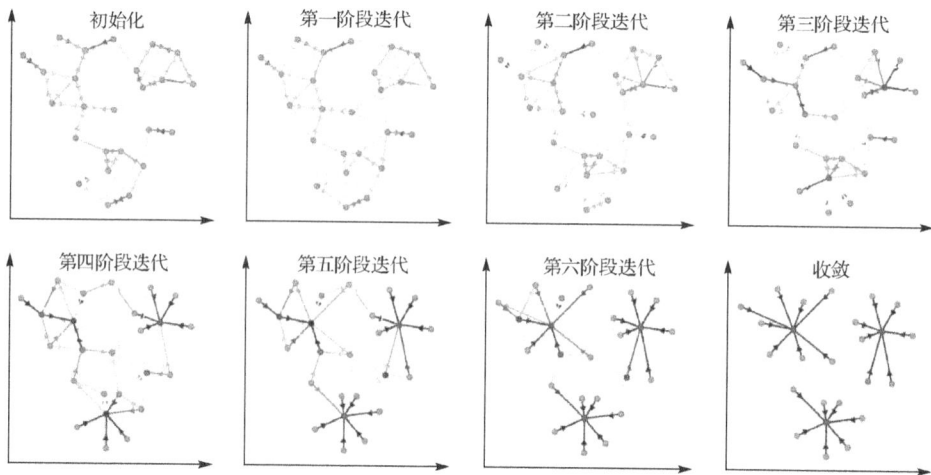

图 2.2  AP 聚类算法迭代过程图（见彩图）

以下通过简单的例子说明 AP 聚类算法的聚类过程，首先利用二项分布生成二维数据，为了便于说明问题，剔除了噪声数据，最终如矩阵 A 所示，A=[(−0.0788, 0.0158), (−0.0075, −0.0092), (−0.0048, −0.0121), (0.1232, −0.0950), (0.1674, −0.1170), (0.1683, −0.1186), (0.1875, −0.1264)]，共计 7 个数据点（图 2.3）。

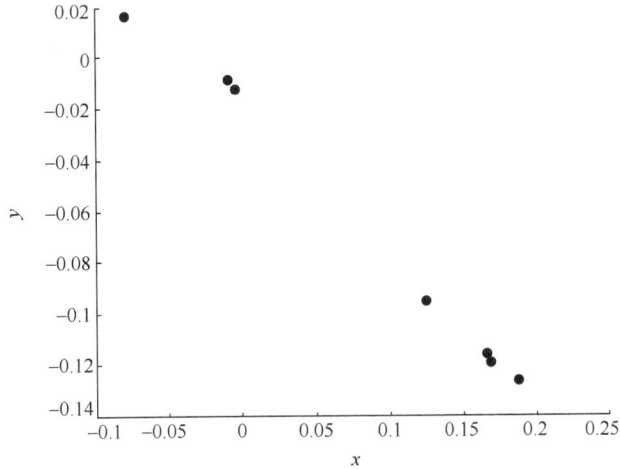

图 2.3　测试用例数据集 A

然后利用欧氏距离计算相似度矩阵 S，即

$$S = \begin{bmatrix} 0 & -0.0756 & -0.0791 & -0.2304 & -0.2797 & -0.2813 & -0.3019 \\ -0.0756 & 0 & -0.0040 & -0.1563 & -0.2055 & -0.2071 & -0.2275 \\ -0.0791 & -0.0040 & 0 & -0.1525 & -0.2016 & -0.2032 & -0.2237 \\ -0.2304 & -0.1563 & -0.1525 & 0 & -0.0494 & -0.0509 & -0.0716 \\ -0.2797 & -0.2055 & -0.2016 & -0.0494 & 0 & -0.0018 & -0.0222 \\ -0.2813 & -0.2071 & -0.2032 & -0.0509 & -0.0018 & 0 & -0.0207 \\ -0.3019 & -0.2275 & -0.2237 & -0.0716 & -0.0222 & -0.0207 & 0 \end{bmatrix}$$

之后确定 P 值：s(k, k)越大，k 点越可能成为聚类中心，这些值称为参数 Preferences（一般是相似度矩阵中值，P 值），对于 AP 聚类算法最终聚类类数影响很大。我们就采用默认的 P 值。

最后计算决策矩阵 E，E=R+A，用于最后的聚类空间判别，即

$$E = \begin{bmatrix} -0.2408 & 0.2057 & -0.3159 & -0.4203 & -0.5172 & -0.2057 & -0.5219 \\ -0.4050 & 0.2957 & -0.4050 & -0.5105 & -0.6071 & -0.2957 & -0.6118 \\ -0.3159 & 0.1993 & -0.3124 & -0.4140 & -0.5106 & -0.1993 & -0.5154 \\ -0.4203 & -0.1054 & -0.4140 & -0.2654 & -0.3130 & 0.1054 & -0.3163 \\ -0.5187 & -0.2036 & -0.5122 & -0.3130 & -0.3130 & 0.2036 & -0.3160 \\ -0.7216 & -0.4066 & -0.7151 & -0.5158 & -0.5143 & 0.4066 & -0.5158 \\ -0.5219 & -0.2068 & -0.5154 & -0.3163 & -0.3144 & 0.2068 & -0.2956 \end{bmatrix}$$

从 E 矩阵可以看到，E(2, 2)和 E(6, 6)是对角线上大于 0 的数，则对应的数据点为聚类中心，则第 2 列和第 6 列为聚类中心，第 2 列和第 6 列每行的最大值代表的数据点标签归

属于哪行，就属于哪类。因此归属于 $A(2)$ 数据点的有 $A(1)$ 和 $A(3)$，归属于 $A(6)$ 数据点的有 $A(4)$、$A(5)$ 和 $A(7)$。聚类情形如图 2.4 所示。

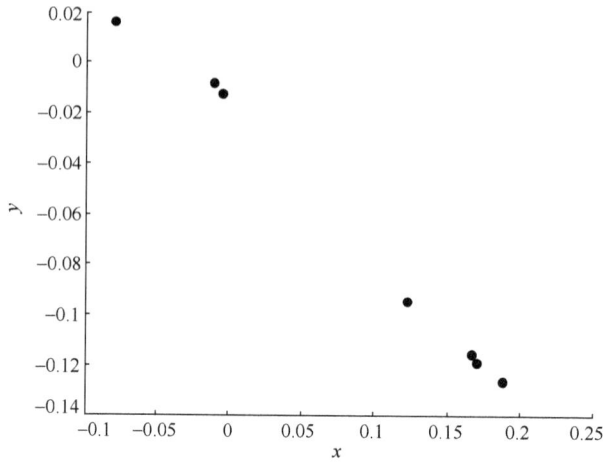

图 2.4　A 数据集聚类结果

AP 聚类算法主要有以下参数。

（1）偏向参数。AP 聚类算法并不需要事先指定聚类类数，对于所输入的每个数据点设定一个重要参数，即偏向参数 $P$，$P$ 值大小将影响最终聚类个数，即 $P$ 值越大，更多的点被选中作为类代表点可能性越大，则输出的聚类个数越多，反之 $P$ 值越小，输出的聚类个数越少[15]。$P$ 值的大小影响聚类数目和消息传递过程，因此，在无先验知识的前提下将 $P$ 设置为相同值，把所有数据点都看作潜在的类代表点，通过不断迭代找到聚类中心。

（2）吸引度信息和归属度信息。AP 聚类算法的核心思想就是建立数据点之间的消息传递的衡量机制，通过吸引度和归属度两个信息量描述数据点之间的类属关系。AP 聚类算法的迭代过程就是吸引度和归属度两个信息量交替更新的过程（图 2.5），归属度 $R(i, k)$，反映点 $k$ 作为 $i$ 的类中心的适合程度。吸引度 $A(i, k)$ 反映 $i$ 选择 $k$ 作为类中心的适合程度。这两个重要的信息决定谁是类中心和类归属点。

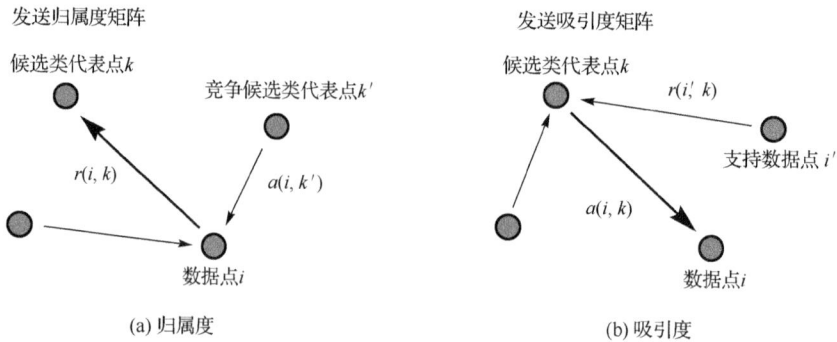

图 2.5　AR 信息传播过程

（3）阻尼因子。为了避免在迭代过程中出现数值振荡，AP 聚类算法在更新时引入另一个重要的参数：阻尼因子 $\lambda$，它影响 AP 聚类算法的收敛性能。当 AP 聚类算法在迭代过程中产生的类数不断发生振荡而不能收敛时，增大 $\lambda$ 可消除这种振荡。$\lambda$ 取值的范围为 [0, 1]，默认取值为 0.5。

AP 聚类算法有很多优势。

（1）K-means 聚类算法和 EM 聚类算法对于原始数据样本依赖性很大，而 AP 聚类算法将所有点都作为聚类中心，减少对于数据样本的依赖性，能够避免初始数据的状况糟糕带来困难情况。

（2）层次聚类算法和谱聚类算法都是通过不断比较成对点去发现数据的分块，这些技术不要求在一类的数据点相似且归属于一个聚类中心，可能不适应一些聚类任务。特别是会导致不应该在一类的数据点成为一类的情况发生。

（3）不像类似 K-means 聚类算法，输入矩阵必须是对称的，AP 聚类算法的输入矩阵可以是不对称的。

国内学者也对 AP 聚类算法的优劣进行分析。AP 聚类算法不必事先指定聚类数目并且能够很好地解决非欧氏空间问题。其优势体现在处理类数很多的情况时运算速度快，使用 AP 聚类算法时如何找出最优的聚类结果是尚未解决的问题。AP 聚类算法是 K-mediods 的最好聚类结果。AP 聚类算法两个矩阵 $A$ 和 $R$ 都是基于两点间相似度的。矩阵 $A$ 与两点间的距离负相关，是小于等于 0 的数，矩阵 $R$ 与两点间的距离正相关。这一点是 AP 聚类算法的重要性质，决定其本身还是基于两点间距离的聚类算法，导致其对非欧氏数据聚类有天然的障碍，只有把数据映射到欧氏空间才能实现对复杂数据聚类，或者我们只能利用其对凸集或者超球形数据聚类的突出效果作为初步聚类，然后通过聚类类簇的特征获取全局特征，才能够实现复杂数据聚类。

## 2.3　聚类有效性评价指标

由于聚类是无监督学习过程，事先无法确定何种划分结果是合理有效的，所以设计一种能够合理准确地评价聚类结果质量的评价指标是亟待解决的关键问题。目前常用的聚类评价指标大致分为内部评价指标、外部评价指标和相对评价指标。内部评价指标主要是对数据集本身的内部结构、相似关系和簇类之间的紧凑与疏远关系进行评价，从而判断聚类质量。外部评价指标是基于对数据的划分标签已知的情形下，通过计算聚类结果的准确率来直观反映聚类有效性。内部评价指标和外部评价指标都是基于统计的评价方法，计算复杂度相对较高，有一定局限性，如外部评价法需要事先知道待分类数据的正确划分标签，而这在无监督学习中往往是难以获取的。相对评价指标是通过对不同算法或同一算法的不同参数设置情况下的聚类结果进行比较，确定最优参数和最佳聚类划分，其对聚类结果的选取直接基于簇类的紧密性和分离性。综合以上分析并根据实际采用的数据情况，本书聚类实验采用两种评价指标对聚类结果进行评价：Sil 指标（内部评价指标）和 FM 指标（外部评价指标）。

1. Sil 指标

设一个具有 $n$ 个样本点的数据集被划分为 $k$ 个聚类 $C_i$ ($i$=1, 2, $\cdots$, $k$), $a(t)$ 为聚类 $C$ 中的样本点 $t$ 与其所在的类中所有其他样本的平均不相似度或距离，$d(t, C_i)$ 为 $C_j$ 的样本 $t$ 到另一个类 $C_i$ 的所有样本的平均不相似度或距离，则 $b(t)$=min$\{d(t, C_i)\}$，其中 $i$=1, 2, $\cdots$, $k$ 且 $i \neq j$。样本 $t$ 的 Sil 指标的计算公式为

$$\text{Sil}(t) = \frac{[b(t) - a(t)]}{\max\{a(t), b(t)\}} \tag{2.19}$$

一个聚类中的所有样本的平均 Sil 值表示此类的紧密性（类内平均距离）和可分性（最小类间距离）；其范围为[–1, 1]，Sil 指标越大，表示聚类质量越好。

2. FM 指标

FM 指标是一种结合算法的准确率和召回率的外部指标，是信息检索领域经常使用的综合评价指标。对于真实簇 $P_j$ 和聚类簇 $C_i$，分别定义准确率 $P(i, j)$ 和召回率 $R(i, j)$，对于数据集中的两个实体 $p$ 和 $q$，在 $P$ 和 $C$ 中存在以下四种关系。

（1）$p$ 和 $q$ 属于 $C$ 中的同一类，且在 $P$ 中属于同一划分。

（2）$p$ 和 $q$ 属于 $C$ 中的同一类，但在 $P$ 中不属于同一划分。

（3）$p$ 和 $q$ 不属于 $C$ 中的同一类，但在 $P$ 中属于同一划分。

（4）$p$ 和 $q$ 不属于 $C$ 中的同一类，且在 $P$ 中不属于同一划分。

具体计算公式为

$$P(P_j, C_i) = \frac{|P_j \cap C_i|}{|C_i|} \tag{2.20}$$

$$R(P_j, C_i) = \frac{|P_j \cap C_i|}{|P_j|} \tag{2.21}$$

相应的 FM 指标为

$$F(P_j, C_i) = \frac{2 \cdot P(P_j, C_i) \cdot R(P_j, C_i)}{P(P_j, C_i) + R(P_j, C_i)} \tag{2.22}$$

对所有簇的 FM 值作加权平均，则可得到整个聚类结果的 FM 值，即

$$F = \sum_j \frac{|P_j|}{N} \max_i F(P_j, C_i) \tag{2.23}$$

其中，$N$ 为样本点个数，FM 的取值越大，则算法越准确。

3. Rand 统计量与 Jaccard 系数

我们聚类最理想的结果是：在聚类结束后，本属于同一类的数据，在聚类结束后仍然属于一类；不属于一类的数据，都被划分在不同的类。在这样划分的基础上，统计出

被划分正确的数据个数，以及占总数据的比，作为对聚类结果的评价。Rand 统计量与 Jaccard 系数可以用来计算两个聚类结果的相似程度，有 $n$ 个数据的集合，设法使聚类结果为两类，即分别用 $M$、$N$ 来表示这两个类，$q$ 表示在 $M$、$N$ 两个类中都属于同一类的数据对的个数，$r$ 表示在 $M$ 中属于同一个簇而在 $N$ 中不属于同一个簇的数据对的个数，$s$ 表示在 $M$ 中不属于同一个簇，而在 $N$ 中属于同一个簇的数据对的个数，$t$ 表示在 $M$ 和 $N$ 中都不属于同一个簇的数据对的个数[3]。本章可以用 Rand 统计量评价两个集合的相异程度，定义为

$$\text{Rand} = \frac{r+s}{q+s+r+t} \tag{2.24}$$

在实际应用中，根据某些数据点对是否属于同一簇的重要性不同，定义的 Jaccard 系数便具有一定的现实意义，定义为

$$\text{Jaccard} = \frac{r+s}{q+s+r} \tag{2.25}$$

**4. FI 指标**

通过对 PPI 网络聚类结果评价，可以很直观地对算法的聚类效果进行比较和分析。

$$\text{FI} = \sqrt{\frac{a}{a+b} \cdot \frac{a}{a+c}} \tag{2.26}$$

## 2.4　本章小结

本章对常用的聚类算法进行概述性介绍。聚类是数据挖掘领域中的一个重要研究方向，聚类的潜在应用提出了各自特殊的要求。

（1）可伸缩性。许多聚类算法对较小数据量的数据集合有较好的聚类性能，而在处理大规模数据时，可能会产生较差的聚类结果。因此，需要具有高度可伸缩性的聚类算法。

（2）处理不同类型属性的能力。多数聚类算法是基于数值型数据来设计的，在处理其他类型数据时不能表现出良好的聚类性能。所以，我们需要能处理多数据类型的聚类算法。

（3）发现任意形状的聚类。大部分聚类算法是基于欧氏距离或者曼哈顿距离来决定类的。这就导致了这些算法趋向于发现球形簇或者具有相近尺度的数据，而现实中簇的形状是多样的。因此，开发能发现任意形状簇的聚类算法是很有必要的。

（4）对于决定输入参数的领域知识需求最少。多数聚类算法在聚类过程中需要人为地输入一些参数，如期望获得的类数目。一些算法对输入的参数高度敏感，并且参数调节比较困难，从而增加了获得高质量聚类结果的负担。这就需要我们设计需要较少输入参数的聚类算法来弥补这一缺陷。

（5）处理噪声数据的能力。现实中的数据常常存在一些缺陷，如包含离群点、缺失或者存在错误数据等，这些缺陷都会导致低质量聚类结果。所以，具有较强处理噪声点的聚类算法具有重要价值。

（6）高维度。针对解决的问题不同，我们处理的数据维度也不尽相同。一些数据存在高维度特点，多数聚类算法在处理低维度数据时，都能表现出较好的聚类性能。但在处理高维度数据时候，通常会出现"维度灾难"，为了克服这一不足，需要开发具有处理高维数据能力的聚类算法。

# 参 考 文 献

[ 1 ] Hassanabadi B, Shea C, Zhang L, et al. Clustering in vehicular ad hoc networks using affinity propagation. Ad Hoc Networks, 2014, 13: 535-548.

[ 2 ] Santana R, Larrañaga P, Lozano J A. Learning factorizations in estimation of distribution algorithms using affinity propagation. Evolutionary Computation, 2010, 18(4): 515-546.

[ 3 ] Cameron A C, Gelbach J B, Miller D L. Robust inference with multiway clustering. Journal of Business & Economic Statistics, 2011, 29(2): 238-249.

[ 4 ] Frey B J, Dueck D. Clustering by passing messages between data points. Science, 2007, 315(5814): 972-976.

[ 5 ] Chandrasekaran V, Sanghavi S, Parrilo P A, et al. Rank-sparsity incoherence for matrix decomposition. SIAM Journal on Optimization, 2011, 21(2): 572-596.

[ 6 ] Bach F, Jenatton R, Mairal J, et al. Structured sparsity through convex optimization. Statistical Science, 2012, 27(4): 450-468.

[ 7 ] Shang F, Jiao L, Shi J, et al. Fast affinity propagation clustering: A multilevel approach. Pattern Recognition, 2012, 45(1): 474-486.

[ 8 ] Guan R, Shi X, Marchese M, et al. Text clustering with seeds affinity propagation. IEEE Transactions on Knowledge and Data Engineering, 2011, 23(4): 627-637.

[ 9 ] McNicholas P D, Subedi S. Clustering gene expression time course data using mixtures of multivariate T-distributions. Journal of Statistical Planning and Inference, 2012, 142(5): 1114-1127.

[10] 王依章, 王丽敏, 韩旭明. 属性分布相似度吸引子传播聚类算法研究. 长春工业大学学报(自然科学版), 2014, (3): 271-274.

[11] 王丽敏, 王依章, 韩旭明, 等. 基于稳定阈值的吸引子传播算法. 吉林大学学报(理学版), 2014, (6): 1249-1254.

[12] Frühwirth S S, Pamminger C, Weber A, et al. Labor market entry and earnings dynamics: Bayesian inference using mixtures-of-experts Markov chain clustering. Journal of Applied Econometrics, 2012, 27(7): 1116-1137.

[13] Grasedyck L. Hierarchical singular value decomposition of tensors. SIAM Journal on Matrix Analysis and Applications, 2010, 31(4): 2029-2054.

[14] Zhu Q, Zhang H, Yang Q. Semi-supervised affinity propagation clustering based on subtractive clustering for large-scale data sets. Intelligent Computation in Big Data Era, 2015, 503: 258-265.

[15] 王丽敏, 姬强, 韩旭明, 等. 基于奇异值分解的自适应吸引子传播聚类算法. 吉林大学学报(理学版), 2014, (4): 753-757.

# 第3章 基于优化参数的自适应吸引子传播聚类算法及应用

偏向参数和阻尼因子是 AP 聚类算法的重要参数。它们的选取对聚类结果有很大的影响：偏向参数主要对聚类数目产生影响，阻尼因子则是控制算法收敛性能。但是，这两个参数的选择缺乏一定的普适性，对于不同的数据集往往需要通过实验分别进行调试，不仅过程复杂，而且难以获得最佳参数值，在很大程度上限制了 AP 聚类算法的聚类性能。AP 聚类算法在处理结构简单的数据集时，能够给出较为准确的聚类结果，但对于结构较为复杂的数据，算法为追求决策函数的最小化，会倾向于产生过多的局部聚类，并且由于缺少先验信息，相似度矩阵无法准确地反映数据点间的相似性，从而导致聚类效果不佳。鉴于此，本书提出若干优化参数的算法，分别是基于果蝇优化的吸引子传播（affinity propagation based on fruit fly optimization algorithm，FOA-AP）聚类算法、基于果蝇优化的自适应吸引子传播（self-adaptive affinity propagation based on fruit fly optimization，FOA-SAP）聚类算法、基于烟花爆炸优化的半监督吸引子传播（semi-supervised affinity propagation based on fireworks explosion optimization，FEO-SAP）聚类算法、基于布谷鸟优化的半监督吸引子传播（semi- supervised affinity propagation based on cuckoo search，CS-SAP）聚类算法、基于稳定阈值的吸引子传播（affinity propagation based on stability threshold，STAP）聚类算法和基于约束规则的吸引子传播（constraint rules-based affinity propagation，CRAP）聚类算法。与传统的 AP 聚类算法相比，本书提到的 FOA-AP、FOA-SAP、FEO-SAP、CS-SAP、STAP 和 CRAP 聚类算法可以自适应地搜索两个参数空间，快速、准确地定位最优参数位置，强化算法的局部寻优能力，提升算法的全局探索能力，从而获得最佳聚类结果，提高算法的聚类性能。

另外，将本书提出的 STAP 聚类算法引入到房地产上市公司财务评价领域，利用 STAP 聚类指数的新概念评价上市公司，为股票投资和上市公司的发展提供一种有效的参考依据，仿真模拟实验表明此算法具有较好的应用前景。

## 3.1　基于果蝇优化的吸引子传播聚类算法

果蝇优化算法是一种根据果蝇觅食行为推演出的全局优化算法，果蝇依靠本身在嗅觉与视觉上的特性，其嗅觉器官能很好地搜集飘浮在空气中的各种气味，甚至能嗅到几十公里以外的食物源。果蝇使用敏锐的视觉发现食物与同伴聚集的位置，并往该方向飞去[1]。

根据果蝇觅食的特点，推演出如下果蝇算法流程。

（1）初始化参数。果蝇种群 Sizepop，随机初始果蝇群体位置，最大迭代次数 $M$，若给定初始寻优范围，可将此范围中的点作为群体初始位置。

$$\begin{cases} X_i = X\_\text{axis} + \text{RandomValue} \\ Y_i = Y\_\text{axis} + \text{RandomValue} \end{cases} \quad (3.1)$$

（2）设定果蝇个体利用嗅觉搜寻食物的随机方向与距离，RandomValue 为搜索距离。

（3）因为最优解不得而知，所以先计算果蝇与原点的距离 Dist，再计算味道浓度值 $S_i$，计算公式为

$$\text{Dist}_i = \sqrt{X_i^2 + Y_i^2} \quad (3.2)$$

$$S_i = \frac{1}{\text{Dist}_i} \quad (3.3)$$

（4）将每个味道浓度值 $S_i$ 代入适应度函数 Fitness，求出果蝇个体位置的味道浓度 $\text{Smell}_i$，即

$$\text{Smell}_i = \text{Fitness}(S_i) \quad (3.4)$$

（5）找出该果蝇群体中味道浓度最佳（适应度）的果蝇（以最小化问题为例），即

$$[\text{bestSmell} \quad \text{bestIndex}] = \min(\text{Smell}_i) \quad (3.5)$$

（6）记录并保留最佳味道浓度值 bestSmell 及其坐标位置，果蝇群体利用视觉向该位置飞去，即

$$\begin{cases} \text{Smellbest} = \text{bestSmell} \\ X\_\text{axis} = X(\text{bestIndex}) \\ Y\_\text{axis} = Y(\text{bestIndex}) \end{cases} \quad (3.6)$$

（7）进入果蝇迭代寻优，执行步骤（2）～（5），并判断最优值是否优于前一代最优值、当前迭代次数是否小于 $M$，若是则执行步骤（6），否则继续执行步骤（2）～（5）。

### 3.1.1 参数分析与改进

#### 1. 种群数量

增加种群规模虽然可以提高收敛速度，但会增加计算量，并且提高程度有限。算法将数据个数作为种群数量 Sizepop。

#### 2. 适应度函数

求得的最优值的函数是适应度函数，聚类有众多评价指标，本章使用 Sil 指标作为果蝇优化算法的适应度函数，为聚类结果进行有效评价。Sil 指标：设一个样本容量为 $N$ 的数据集被分为 $k$ 类 $C_i(i=1,2,\cdots,k)$，$a(t)$ 表示类 $C_j$ 中的样本 $t$ 与类 $C_j$ 内其他样本的平均距离或不相似度，$d(t,C_i)$ 表示 $C_j$ 中的样本 $t$ 到另一个类 $C_i$ 中所有样本的平均距离或不相似度，$b(t)=\min\{d(t,C_i)\}$，其中 $i=1,2,\cdots,k$ 且 $i{\neq}j$，则样本 $t$ 的 Sil 指标计算公式为

$$\text{Sil} = \frac{b(t) - a(t)}{\max\{a(t), b(t)\}} \quad (3.7)$$

一个数据集中，所有样本的平均 Sil 指标不仅能够反映聚类结构的类内紧凑性，也能很好地反映类间可分性，Sil 指标越大说明聚类精度越高。

### 3. 搜索范围

由于搜索的是偏向参数 $P$ 的大小（$P$ 值一般选择相似矩阵 $S$ 中的中位数），我们将搜索范围定为矩阵 $S$ 中的最小值到最大值之间。

### 4. 初始位置

种群初始点是初始条件，无法通过算法来改进。以往的种群初始位置都是随机的，此算法中我们规定相似矩阵 $S$ 中，最小值为初始位置。

### 5. 步长改进原理

原始果蝇算法中，步长是任意一个比较小的数，果蝇的初始位置是相似矩阵 $S$ 中的最小值，我们把输入矩阵的行数设为 $m$，列数设为 $n$，把步长 $h$ 设为

$$h = \text{ceil}\left[\left|m-n\right|/(m \times n)\right] \tag{3.8}$$

其中，ceil 是天花板函数，是数值向上取整的意思。步长越大搜索越快，但搜索的空间越不细腻，反之步长越小，搜索的越细腻，准确率约高，而花费的时间也就越长。

## 3.1.2　FOA-AP 算法流程

输入：相似度矩阵 $S$，最大迭代次数 $T$，果蝇群体规模 Sizepop，随机初始果蝇群体位置 $(X\_\text{axis}, Y\_\text{axis})$，阻尼系数 $\lambda$，本书取 $\lambda$ 为 0.5。

输出：聚类数目 $k$，Sil 指标，Rand 统计量与 Jaccard 系数，FM 指标。

步骤 1：初始化 $r(i, k)=0$，$a(i, k)=0$，$\lambda=0.5$，$T=10000$，Sizepop=输入矩阵的数据对象个数。

步骤 2：计算数据点的相似度矩阵。

步骤 3：同时在偏向参数空间进行果蝇种群搜索，并记录果蝇个体位置。

步骤 4：运行 AP 聚类算法，并采用内部指标 Sil 指标评价每个果蝇种群的有效性。

步骤 5：记录有效性最高的果蝇种群及其聚类结果。

步骤 6：如果聚类结果连续 10 次保持不变，输出最优聚类结果，否则，选择最优 $P$ 位置，返回步骤 3。

FOA-AP 算法流程图如图 3.1 所示。

## 3.1.3　实验模拟与结果分析

仿真模拟实验环境为 Pentium G645 2.9GHz CPU，4GB 内存。实验参数是阻尼系数 $\lambda=0.5$，$t=10$，算法评价指标选用 Sil 指标。为了更好地说明问题，有效地验证本章改进算法的可行性与有效性，选取 UCI 数据集中 Iris 和 Wine 数据做详细分析。

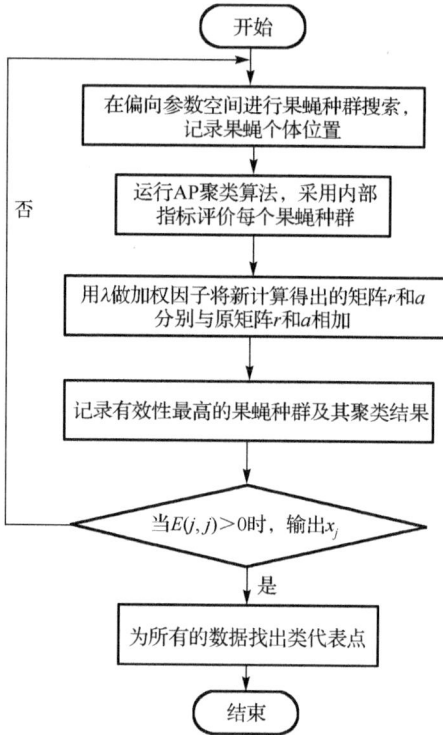

图 3.1 FOA-AP 算法流程图

实验一：以 UCI 数据集中 Iris 数据集为例，当 $P$ 值取矩阵 $S$ 中对角线的中值时，聚类结果如图 3.2 所示。

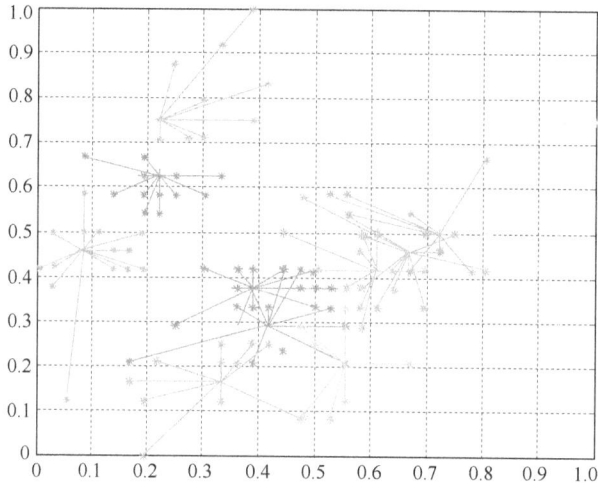

图 3.2 Iris 数据集聚类效果图（见彩图）

Iris 数据集的真实类数为 3，设 $P$ 值为矩阵 $S$ 的中位数，表 3.1 为取不同偏向参数时，对应的各个聚类评价指标值。

表 3.1　各偏向参数下的评价函数值

| $P$（用倍数表示） | Silhouette(Sil) | Rand | Jaccard | F-measure(FM) | FI |
|---|---|---|---|---|---|
| 1 | −0.1352 | 0.754810 | 0.262648 | 0.504848 | 0.416027 |
| 2 | −0.1106 | 0.781208 | 0.352832 | 0.580262 | 0.521620 |
| 3 | 0.0316 | 0.793736 | 0.449881 | 0.634713 | 0.620576 |
| 4 | 0.0312 | 0.792394 | 0.440829 | 0.628692 | 0.611910 |
| 5 | 0.1131 | 0.812617 | 0.484490 | 0.668961 | 0.652736 |
| 6 | 0.4433 | 0.898792 | 0.735809 | 0.847850 | 0.847800 |
| 7 | 0.4157 | 0.879732 | 0.699665 | 0.823764 | 0.823297 |
| 8 | 0.4144 | 0.873736 | 0.688177 | 0.815874 | 0.815290 |
| 9 | 0.4144 | 0.873736 | 0.688117 | 0.815874 | 0.815290 |
| 10 | 0.4477 | 0.867919 | 0.666139 | 0.799622 | 0.799610 |
| 11 | 0.4144 | 0.873736 | 0.688177 | 0.815874 | 0.815290 |
| 12 | 0.4253 | 0.885906 | 0.710030 | 0.830639 | 0.830430 |
| 13 | 0.4144 | 0.873736 | 0.688177 | 0.815874 | 0.815290 |
| 14 | 0.4253 | 0.885906 | 0.710030 | 0.830639 | 0.830450 |
| 15 | 0.6295 | 0.776286 | 0.595142 | 0.771454 | 0.746193 |
| 16 | 0.4509 | 0.879732 | 0.691389 | 0.817542 | 0.817540 |
| 17 | 0.6295 | 0.776286 | 0.595142 | 0.771454 | 0.746193 |
| 18 | 0.4509 | 0.879732 | 0.691389 | 0.817542 | 0.817540 |
| 19 | 0.6295 | 0.776286 | 0.595142 | 0.771454 | 0.746193 |
| 20 | 0.5952 | 0.759821 | 0.565344 | 0.743998 | 0.722326 |

从图 3.3 和表 3.2 中我们可以明确得出，Sil 指标在 16 倍时达到最大值 Sil=0.4509，其中 $P$ 值取 17 倍、19 倍、20 倍矩阵 $S$ 的中位数时，Sil 指标分别为 0.6295，0.6295，0.5952，但是此时聚类的数目为 2，不能达到预期效果（Iris 数据集的真实类数为 3）。$P$ 值为 6 时，Rand=0.898792，Jaccard=0.735809，FM=0.847850，FI=0.847800，而利用 FOA-AP 聚类时，$P$ 的最佳位置为−3.6412。聚类效果如图 3.4 所示。

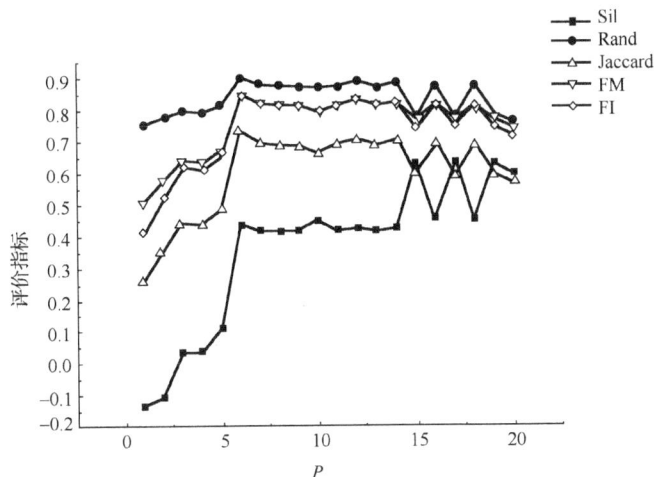

图 3.3　不同偏向参数下各评价指标值

表3.2 利用FOA-AP聚类算法时各指标评价值

| P 的位置 | Silhouette (Sil) | Rand | Jaccard | F-measure (FM) | FI |
|---|---|---|---|---|---|
| −3.6412 | 0.4599 | 0.941754 | 0.837453 | 0.911538 | 0.911537 |

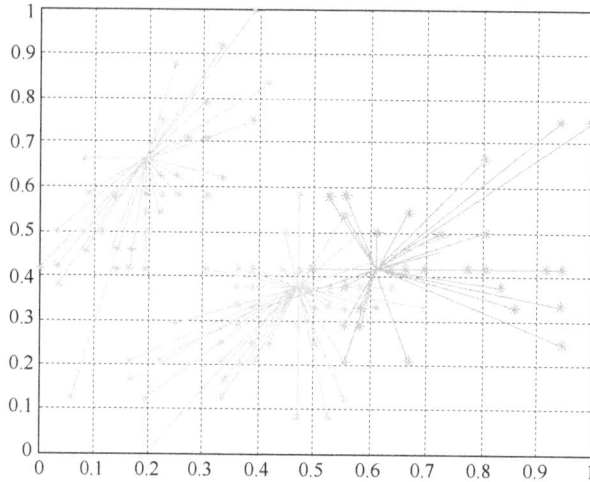

图3.4 最佳 P 值下的聚类效果图（见彩图）

实验二：以 Wine 数据集为例。

通过表3.3可看出，Wine 数据集在 P 值取不同倍数的矩阵 S 的中位数时，Sil 指标都很低，而且很难达到真实类数。但是利用 FOA-AP 算法聚类时，P 的最佳聚类位置是 $P=-5.0062$，类数为三类，聚类效果如图3.5所示。

表3.3 不同偏向参数下 AP 聚类算法对 Wine 数据集的聚类参数

| P 的倍数 | 运行时间 | 迭代次数 | Sil | 聚类类数 |
|---|---|---|---|---|
| 1 | 0.255050 | 89 | −0.3544 | 12 |
| 2 | 0.181141 | 117 | −0.2727 | 11 |
| 3 | 0.218614 | 166 | −0.2319 | 7 |
| 4 | 0.290893 | 256 | −0.243 | 8 |
| 5 | 0.39452 | 376 | −0.1825 | 6 |
| 6 | 0.657784 | 689 | −0.3172 | 6 |
| ⋮ | ⋮ | ⋮ | ⋮ | ⋮ |
| 16 | 7.862692 | 9367 | 0.0678 | 3 |

为了验证 FOA-AP 算法的可行性和高效性，本章选取 4 组 UCI 数据集进行仿真实验，并引入对聚类结果有良好评价能力的 Sil 有效性指标和 FM 指标作为聚类质量评价标准，具体如表3.4和表3.5所示。

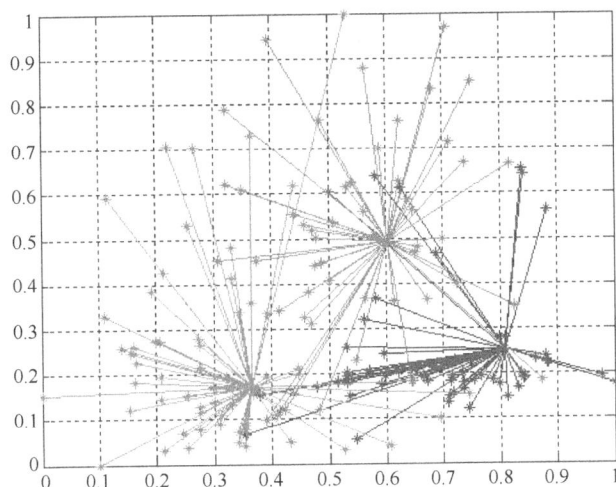

图 3.5　FOA-AP 聚类效果图（见彩图）

表 3.4　AP 与 FOA-AP 有效性指标比较

| 数据集 | AP | | FOA-AP | |
|---|---|---|---|---|
| | FM | Sil | FM | Sil |
| Iris | 0.39 | −0.1894 | 0.911538 | 0.4599 |
| Wine | 0.25 | −0.3544 | 0.92 | 0.2861 |
| Pima | 0.40 | −0.0381 | 0.57 | 0.0098 |
| Seeds | 0.29 | −0.2594 | 0.87 | 0.3977 |

表 3.5　AP 与 FOA-SAP 聚类数目比较

| 数据集 | 真实类数 | AP | FOA-SAP |
|---|---|---|---|
| Iris | 3 | 12 | 3 |
| Wine | 3 | 12 | 3 |
| Pima | 2 | 6 | 2 |
| Seeds | 3 | 17 | 3 |

## 3.2　基于果蝇优化的自适应吸引子传播聚类算法

### 3.2.1　FOA-SAP 算法流程

FOA-SAP 算法流程如表 3.6 所示。

表 3.6　FOA-SAP 算法流程

| FOA-SAP 的算法流程 |
|---|
| 输入：相似度矩阵 $S$，最大迭代次数为 $T$，果蝇群体规模 Sizepop，随机初始果蝇群体位置（Xaxis，Yaxis）阻尼系数为 $\lambda$ |
| 输出：聚类数目 $k$，Sil 指标，FM 指标 |
| 步骤 1：初始化 $r(i, k)=0$，$a(i, k)=0$，$\lambda=0.5$，$T=10000$，Sizepop=20 |
| 步骤 2：构建基于欧氏距离的相似度矩阵 |

| FOA-SAP 的算法流程 |
| --- |
| 步骤 3：同时在偏向参数和阻尼因子空间进行果蝇种群搜索，并记录果蝇个体位置 |
| 步骤 4：运行 AP 聚类算法，并采用内部指标（Sil）评价每个果蝇种群的有效性 |
| 步骤 5：记录有效性最高的果蝇种群及其聚类结果 |
| 步骤 6：如果聚类结果连续 10 次保持不变，输出最优聚类结果，否则，选择最优果蝇位置，返回步骤 3 |

### 3.2.2　实验数据

为验证 FOA-SAP 算法的可行性和高效性，本章选取 6 组 UCI 数据集进行仿真实验，并采用内部评价指标 Sil 和外部评价指标 FM 作为聚类质量的评价标准，数据集情况如表 3.7 所示。

表 3.7　数据集情况

| 数据集 | 样本数 | 维度 | 真实类数 | 数据来源 |
| --- | --- | --- | --- | --- |
| Iris | 150 | 4 | 3 | UCI |
| Wine | 178 | 13 | 3 | UCI |
| Glass | 214 | 10 | 6 | UCI |
| Ecoli | 327 | 7 | 5 | UCI |
| Seeds | 210 | 7 | 3 | UCI |
| Haberman | 306 | 3 | 2 | UCI |

### 3.2.3　实验结果与分析

仿真实验对 AP 和 FOA-SAP 算法分别在 6 个数据集上进行测试，表 3.8 列出两种算法的聚类数与真实类数的对比；表 3.9 列出聚类结果的 FM 指标和 Sil 指标。

表 3.8　聚类数目比较

| 数据集 | 真实类数 | AP | FOA-SAP |
| --- | --- | --- | --- |
| Iris | 3 | 12 | 3 |
| Wine | 3 | 12 | 3 |
| Glass | 6 | 14 | 6 |
| Ecoli | 5 | 28 | 5 |
| Seeds | 3 | 17 | 3 |
| Haberman | 2 | 31 | 2 |

表 3.9　有效性指标比较

| 数据集 | AP | | FOA-SAP | |
| --- | --- | --- | --- | --- |
| | FM | Sil | FM | Sil |
| Iris | 0.39 | −0.1894 | 0.92 | 0.5135 |
| Wine | 0.25 | −0.3544 | 0.85 | 0.479 |
| Glass | 0.37 | 0.4667 | 0.77 | 0.5271 |
| Ecoli | 0.22 | −0.2444 | 0.84 | 0.573 |
| Seeds | 0.29 | −0.2594 | 0.88 | 0.4846 |
| Haberman | 0.08 | −0.2668 | 0.76 | 0.4351 |

从表 3.8 可以看出，FOA-SAP 算法在测试的数据集上得到的聚类数与真实类数完全一

致，而传统 AP 聚类算法均无法达到真实聚类数目；从 Sil 指标结果对比可知，本书提出的 FOA-SAP 算法能够将数据进行合理聚类，以达到类内紧密、类间疏远的目的。而传统的 AP 聚类算法则无法得到有效、合理的聚类结构。从 FM 指标更能清晰地看出，FOA-SAP 算法的准确率远远高于 AP 聚类算法，聚类性能明显提升。由此可知，FOA-SAP 算法通过自适应地搜索偏向参数和阻尼因子空间，能够准确地获得数据的最佳聚类结构，大幅提高算法的聚类准确率，在数据集的适应度和聚类性能上都要优于传统 AP 聚类算法。

## 3.3　基于烟花爆炸优化的半监督吸引子传播聚类算法

### 3.3.1　算法思想

烟花算法是根据烟花爆炸的现象而提出的一种自适应双向搜索方法。该算法在可行范围内生成若干数量的烟花，烟花爆炸后产生大量火星，相当于在爆炸点的周围进行局部搜索，根据火星的位置，采用某种适应度函数来评价每个火星和烟花的适应度值，适应度值的高低直接反映了与目标函数的接近程度；然后采取精英策略，每次从可行解的空间中选择适应度值高的火星或烟花，作为下一次的爆炸点。同时，根据每次最优适应度值的变化幅度自适应地调整烟花爆炸的半径，以达到均衡算法的全局探索和局部搜索能力。通过不断迭代，最后烟花的爆炸点以及产生的火星会逐步趋向于最优解位置附近，当算法满足某种终止条件时，适应度值最优的火星或烟花所处的位置即算法搜索到的目标函数的最优解[2-4]。

### 3.3.2　算法描述

AP 聚类算法的偏向参数 $P$ 的取值范围是 $(-\infty, 0]$，其对应的聚类数目范围是 $[1, m]$，其中 $m$ 为样本数。为了提高搜索效率，减少不必要的运算时间，将 $P$ 值的上限设定为 $P_{mid}$，即相似度矩阵所有值的中值，同时为了保证初始烟花的质量，将烟花爆炸优化算法的初始搜索空间设为 $[P_{min}, P_{mid}]$，其中 $P_{min}$ 为相似度矩阵所有值的最小值。通过大量实验观察，如表 3.10 所示，该参数设置方式是合理可行的。

表 3.10　数据集在分别在 $P_{min}$ 和 $P_{mid}$ 值下的聚类数目

| 数据集 | 真实类数 | $P_{mid}$ 下聚类数 | $P_{min}$ 下聚类数 |
| --- | --- | --- | --- |
| Balance | 2 | 31 | 17 |
| Pima | 2 | 46 | 11 |
| Iris | 3 | 12 | 5 |
| Wine | 3 | 12 | 5 |
| Ionosphere | 2 | 47 | 9 |
| Ecoli | 5 | 28 | 10 |
| Glass | 6 | 14 | 9 |
| Haberman | 2 | 31 | 10 |
| Seeds | 3 | 17 | 9 |
| Artdata1 | 4 | 17 | 9 |
| Artdata2 | 3 | 6 | 4 |

从表 3.10 可以看出，当 $P$ 值设为 $P_{mid}$ 时，AP 聚类算法的聚类数远大于真实类数，当 $P$ 值设为 $P_{min}$ 时，聚类类数同样大于真实聚类数，这样既提高搜索效率，又能保证初始烟花的质量，避免遗漏聚类结构。

在 AP 聚类算法中，偏向参数 $P$ 的选取会对聚类数目产生重大影响，虽然两者之间没有一一对应关系，但存在明显的相关变化趋势，即增大或减小 $P$ 值会相应地增加或减少聚类数目的输出。由于数据集存在多样性，数据点之间的相似度数量级会存在差异，进而直接影响偏向参数 $P$ 的大小。所以，烟花爆炸半径的选取要充分考虑这种数量级的差异，确保烟花爆炸的有效性与合理性。同时，根据算法在迭代过程中对聚类结构的不断认识，自适应地调整前向搜索与回溯搜索的幅度，以寻求最佳聚类结构。

综合上述考虑，本章设定烟花爆炸范围（explosion range）为

$$er = \begin{cases} [P_{min}, P_{mid}], & t = 1 \\ [P_b + v \cdot (1 + range) \cdot r / t, P_b - (1 - v) \cdot r / t], t > 1 \end{cases} \qquad (3.9)$$

其中，$t$ 为迭代次数；$P_{mid}$ 与 $P_{min}$ 分别为相似度矩阵所有值的中值和最小值；$P_b$ 为上一次爆炸时最优的火星位置；$r$ 为初始爆炸半径；$v$ 为前向搜索比，具体计算方法为

$$r = (P_{min} + P_{mid}) / 2 \qquad (3.10)$$

$$v = conv / (conv + div) \qquad (3.11)$$

该定义方式能够根据数据集的独特性合理地选取烟花爆炸的幅度范围，增强算法的搜索性能，提高搜索效率。并且通过记录算法迭代过程中收敛（conv）与发散（div）的次数，自适应地调整算法前向搜索和回溯搜索的范围，快速、准确地定位最优偏向参数空间。

为了保证算法结果的稳定性，设定烟花爆炸产生的火星体，以十等分的间距均匀散落在爆炸的范围区间内，这样不但能确保火星数量，还可降低算法的空间复杂度，提高算法的效率。

此外，设计一个加速因子 range 以节省运算时间，因为某些聚类数目会对应较广的 $P$ 值范围，需要通过多次迭代才会使聚类数目产生变化，而这些迭代过程往往是没有意义的。针对此问题，可增大烟花向前爆炸的范围幅度，减小回溯搜索半径，加速因子 range 定义为

$$range = \max_t K - \min_t K \qquad (3.12)$$

其中，$t$ 为当前次迭代；$K$ 表示烟花在第 $t$ 次爆炸求得的候选解（聚类数目）集合，候选解的极差越大，说明其收敛趋势越明显，此时引入加速因子能够快速定位最优 $P$ 值范围，减小不必要的运算时间，避免算法中途陷入停滞状态。

### 3.3.3　半监督约束规则

在 AP 聚类算法中，相似度矩阵是反映数据点间相似关系的重要输入值，它的定义将直接影响聚类算法的性能。鉴于此，本书引入了半监督的思想，利用已知的成对约束信息对未知样本点进行逻辑扩展，指导更新相似度矩阵。成对约束分为两种：① Must-link：两个点必须属于同一类，即集合 $M=\{(x_i, x_j)\}$；② Cannot-link：两个点不能在同一类中，即集合 $C=\{(x_i, x_j)\}$。

肖宇提出一种半监督 AP 聚类算法，该算法的核心思想是利用 Must-link 和 Cannot-link

两种成对约束信息，对未标记数据通过更新规则进行逻辑推理，影响更多的数据点，重新调整相似度矩阵 $S$。具体更新规则如式（3.13）所示。

（1）对给定的已知信息中满足 Must-link 约束的数据对，根据逻辑推理，对新满足 Must-link 约束的数据对进行相似度调整，即

$$(x_i, x_k) \notin M \delta(x_i, x_j) \in M \delta(x_j, x_k) \in M \Rightarrow (x_i, x_k) \in M \qquad (3.13)$$

（2）对先验信息中满足 Cannot-link 约束的数据对进行相似度更新，即

$$(x_i, x_j) \in C \Rightarrow s(i,j) = -\infty \delta s(j,i) = -\infty \qquad (3.14)$$

（3）根据以上的相似度更新结果，对未被约束条件影响的数据对进行全局调整。如果存在某个样本点与未被影响的样本对都相连，并且该样本点与这对样本点的相似度之和大于它们的初始相似度，则调整它们相似度为较大相似度，即

$$(x_i, x_j) \notin \{M \cup C\} \Rightarrow s(i,j) = \max\{s(i,j), s(i,k) + s(k,j)\} \qquad (3.15)$$

（4）根据 Cannot-link 约束集对第（3）步的调整结果进行局部修正，即

$$(x_i, x_j) \notin \{M \cup C\} \delta(x_i, x_k) \in C \delta(x_k, x_j) \in M \Rightarrow (x_i, x_j) \in C \qquad (3.16)$$

经过上述调整，新的相似度矩阵由于添加了先验信息的约束，所以变得更加合理、准确，算法能够根据调整后的相似度矩阵进行聚类操作。但由于先验信息数量有限，上述扩展规则只能改变局部数据的相似度，无法保证聚类结果一定满足成对约束条件，即存在两种违反约束情形：违反 Must-link 约束规则和违反 Cannot-link 约束规则。针对上述两种违反约束的情形，做出如下修正。

（1）违反 Must-link 约束对数据的调整。分别计算两个数据点 $x_i$ 与 $x_j$ 到两个聚类中心 $k$ 与 $k'$ 的距离之和，更新两个数据点的类中心和最小的数据点的类中心。

（2）违反 Cannot-link 约束对数据的调整。已知数据点 $x_i$ 和 $x_j$ 属于不同类，但聚类中心都为 $k$，分别计算两个数据点到该类中心的距离，距离小的数据点类标签不变，距离大的数据点则修改类中心为除该点以外距离最近的类代表点。

### 3.3.4　FEO-SAP 聚类算法流程

FEO-SAP 聚类算法流程如表 3.11 所示。

表 3.11　FEO-SAP 聚类算法流程

| FEO-SAP 聚类算法流程 |
| --- |
| 输入：相似度矩阵 $S(i,j)$，最大迭代次数 $T$，烟花爆炸的初始化半径 $r$，火星数量 $m$，阻尼系数 $\lambda$ |
| 输出：聚类数目 $k$，Sil 指标，FM 指标 |
| 步骤 1：初始化 $r(i,k)=0$，$a(i,k)=0$，$\lambda=0.5$，$m=10$，$T=10000$ |
| 步骤 2：利用成对约束信息调整相似度矩阵 |
| 步骤 3：在偏向参数空间进行烟花爆炸操作，并记录火星位置 |
| 步骤 4：运行 AP 聚类算法，并采用内部指标（Sil）评价每个火星的有效性 |
| 步骤 5：记录有效性最高的火星位置及其聚类结果 |
| 步骤 6：如果聚类结果连续 10 次保持不变，输出最优聚类结果，否则，选择最优的火星位置，返回步骤 3 |

### 3.3.5　实验数据

为了验证 FEO-SAP（含 10%的先验信息）算法的可行性与高效性，本章选取 6 组 UCI 数据集和 2 组人工模拟数据集进行仿真实验，实验中的先验信息（成对约束信息）是从数据集中随机产生的，标准数据集如表 3.12 所示。

表 3.12　标准数据集

| 数据集 | 样本数 | 维度 | 真实类数 | 数据来源 |
|---|---|---|---|---|
| Iris | 150 | 4 | 3 | UCI |
| Wine | 178 | 13 | 3 | UCI |
| Glass | 214 | 10 | 6 | UCI |
| Ecoli | 327 | 7 | 5 | UCI |
| Seeds | 210 | 7 | 3 | UCI |
| Haberman | 306 | 3 | 2 | UCI |
| 4k2 | 400 | 2 | 4 | 人工模拟 |
| 3k39 | 72 | 39 | 3 | 人工模拟 |

### 3.3.6　实验结果与分析

仿真实验对 AP、SAP 和 FEO-SAP 三种算法分别在 8 个数据集上进行测试，表 3.13 列出三种算法的聚类数与真实类数的对比，表 3.14 列出聚类结果的 FM 指标和 Sil 指标，图 3.6 为 Sil 指标对比图，图 3.7 为 FM 指标对比图。

表 3.13　聚类数对比

| 数据集 | 真实类数 | AP | SAP | FEO-SAP |
|---|---|---|---|---|
| Iris | 3 | 12 | 8 | 3 |
| Wine | 3 | 12 | 6 | 3 |
| Glass | 6 | 14 | 9 | 6 |
| Ecoli | 5 | 28 | 11 | 5 |
| Seeds | 3 | 17 | 6 | 3 |
| Haberman | 2 | 31 | 17 | 2 |
| 4k2 | 4 | 17 | 6 | 4 |
| 3k39 | 3 | 6 | 4 | 3 |

表 3.14　聚类结果指标对比

| 数据集 | AP | | SAP | | FEO-SAP | |
|---|---|---|---|---|---|---|
| | FM | Sil | FM | Sil | FM | Sil |
| Iris | 0.39 | −0.1894 | 0.52 | 0.1848 | 0.90 | 0.5135 |
| Wine | 0.25 | −0.3544 | 0.36 | 0.068 | 0.84 | 0.379 |
| Glass | 0.37 | 0.4667 | 0.44 | 0.4977 | 0.76 | 0.5271 |

续表

| 数据集 | AP | | SAP | | FEO-SAP | |
|---|---|---|---|---|---|---|
| | FM | Sil | FM | Sil | FM | Sil |
| Ecoli | 0.22 | −0.2444 | 0.39 | 0.0637 | 0.84 | 0.273 |
| Seeds | 0.29 | −0.2594 | 0.37 | 0.128 | 0.86 | 0.4346 |
| Haberman | 0.08 | −0.2668 | 0.23 | −0.0096 | 0.56 | 0.4021 |
| 4k2 | 0.33 | −0.1307 | 0.49 | 0.2049 | 1 | 0.7607 |
| 3k39 | 0.72 | 0.0238 | 0.79 | 0.107 | 0.92 | 0.2859 |

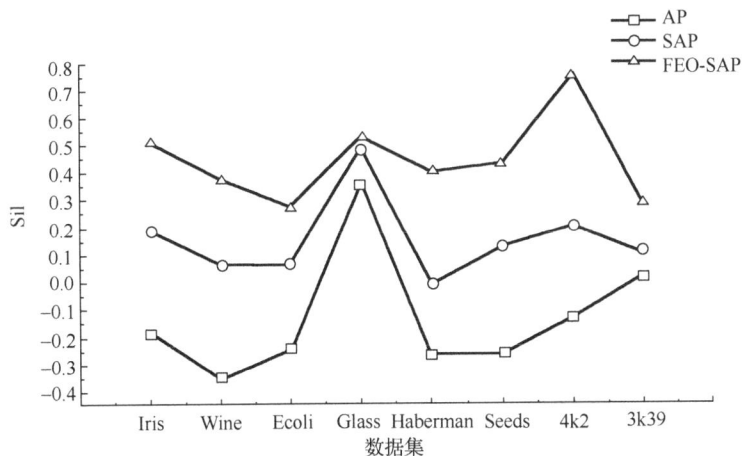

图 3.6　Sil 指标对比图

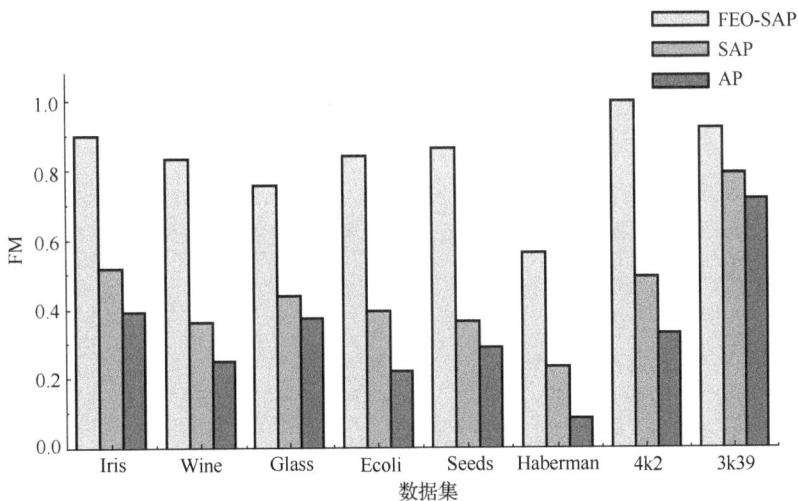

图 3.7　FM 指标对比图

从表 3.13 可以看出，FEO-SAP 算法在测试的数据集上得到的聚类数与真实类数完全一致，而 SAP 和传统 AP 聚类算法均无法达到真实聚类数目。综合两个评价指标的聚类结果可知，FEO-SAP 算法的聚类性能明显优于 SAP 和传统 AP 聚类算法。由此可知，FEO-SAP 算法通过自适应地双向搜索偏向参数空间，能够准确地寻找到数据的最佳聚类结构，提升算法的聚类性能；SAP 算法虽然有先验信息指导相似度矩阵的更新，在一定程度上提高了聚类质量，但由于先验信息数量的局限性，只能对相似度矩阵进行局部的调整，使其无法全面地反映各数据点间的相似关系，从而无法得到更为准确的聚类结果。

　　为更直观地比较传统 AP 和 FEO-SAP 聚类算法的性能，本书拟用人工模拟数据集 4k2 和 UCI 数据集 Haberman 做出聚类效果对比图，如图 3.8 和图 3.9 所示。

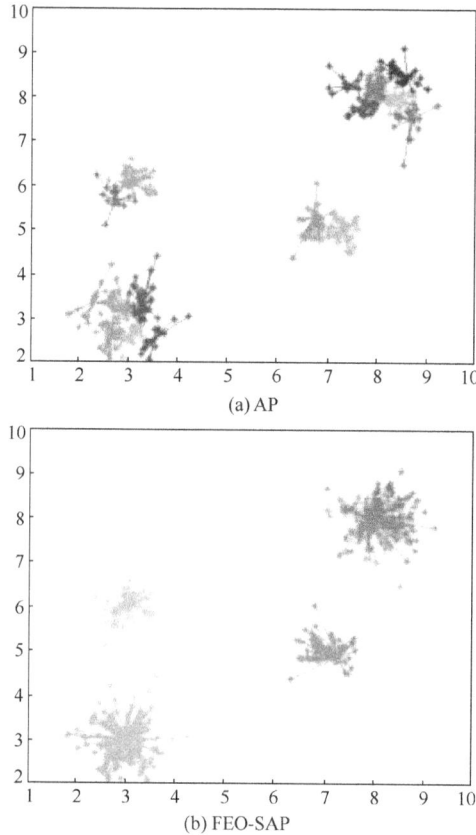

(a) AP

(b) FEO-SAP

图 3.8　AP 和 FEO-SAP 在 4k2 上聚类效果对比（见彩图）

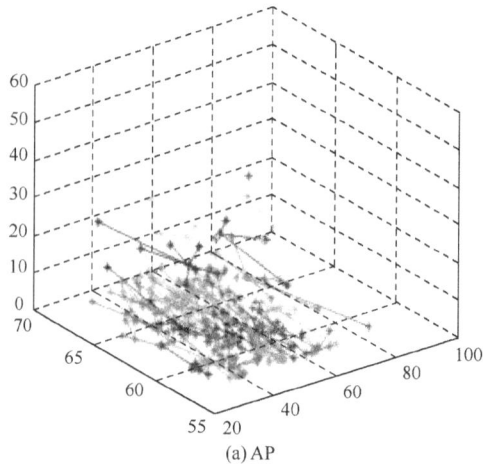

(a) AP

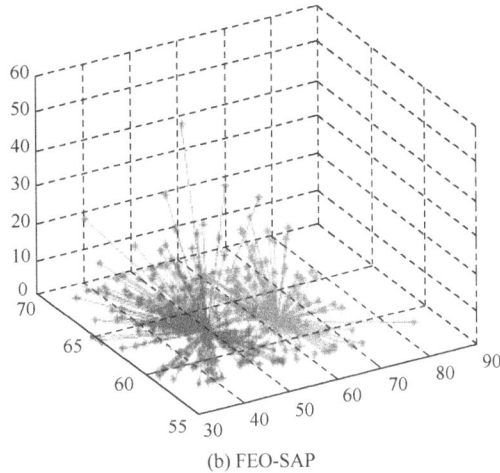

(b) FEO-SAP

图 3.9　AP 和 FEO-SAP 在 Haberman 上聚类效果对比（见彩图）

# 3.4　基于布谷鸟优化的半监督吸引子传播聚类算法

## 3.4.1　布谷鸟优化算法简介

布谷鸟优化（cuckoo search，CS）算法是剑桥大学的 Yang 和拉曼工程大学的 DEB 于 2009 年提出的一种新的群体智能搜索算法，又称杜鹃优化算法[5-8]。布谷鸟优化算法起源于布谷鸟从不筑巢，而是将自己的蛋存放在与自己类似鸟类的巢里，通过伪装或者移去宿主鸟蛋，让宿主鸟为其孵化的行为模拟，是一种典型的巢寄生鸟类。对于宿主鸟，如果发现不是自己的蛋，会有两种选择：一是可能将外来蛋推出巢外，二是可能放弃自己的巢，另建一个巢繁殖后代。在布谷鸟优化算法中，为了模拟布谷鸟寻巢繁殖的方式，该算法基于以下三个理想化的规则。

规则 1：每只杜鹃 1 次只产下 1 个蛋，并且随机存放在 1 个鸟巢中。

规则 2：蛋质量高的鸟巢将保留到下代。

规则 3：鸟巢的数量固定，并且外来蛋被发现的概率 $p_a \in [0,1]$。

基于以上三个规则，布谷鸟优化算法的主要步骤如下。

步骤 1：确定目标函数 $f(X)$，$X=(x_1,\cdots,x_d)^T$，初始化算法基本参数，包括鸟窝数量及初始位置等。

步骤 2：计算每个鸟窝位置相应的适应值 $f(X)$，并记录当前的最佳鸟窝位置及其适应值 $f_{best}(X)$。

步骤 3：利用 Levy Flights 机制对鸟窝位置进行更新，得到一组新的鸟窝位置。

步骤 4：计算新鸟窝位置相应的适应值 $f(X)$，比较现有鸟窝位置与上一代鸟窝位置，确定最佳鸟窝位置。

步骤 5：采用服从均匀分布的 $R \in [0,1]$ 作为鸟窝主人发现外来鸟蛋的可能性与 $P_a$ 进行比较，若 $R > P_a$，则随机改变鸟窝位置，得到一组新的鸟窝位置。

步骤 6：判断算法终止条件，若满足则获得结果，输出全局最优位置，否则返回步骤 2。

在布谷鸟优化算法中，每个鸟巢表示一个候选解。布谷鸟优化算法采用 Levy Flights 随机游动方式生成新的解，在此基础上，通过发现概率 $P_a$ 舍弃部分解，并按照偏好随机游动方式重新生成与丢弃相同数量的新解，在评价中保留较好的解，完成迭代。

布谷鸟寻窝的路径和位置更新为

$$x_i^{(t+1)} = x_i^{(t)} + \alpha \bullet \text{Levy}(\lambda) \tag{3.17}$$

其中，$\alpha > 0$ 为步长大小，在大多数情况下，取 $\alpha = 1$。

式（3.17）本质上是随机行走方程，一般情况下，一个随机行走是一个马尔可夫链，其未来位置取决于当前位置（式（3.17）的第一项）和转移概率（式（3.17）第二项）。• 为点对点乘法，Levy(K) 为随机搜索路径，而随机步长为 Levy，分布如公式 $\text{Levy} \mu = t^{-\lambda}$，$1 < \lambda \leq 3$。

### 3.4.2 半监督聚类算法简介

半监督聚类算法根据先验知识的使用方式不同大致可分为基于约束的半监督聚类算法、基于距离的半监督聚类算法和基于约束与距离集成的半监督聚类算法三类[9-12]。

基于约束的半监督聚类算法一般使用少量的类标签或者约束样本作为先验信息指导聚类过程，其避免盲目搜索。常见的算法有三种：①强制满足约束条件，聚类结果必须满足所有的给定的约束条件；②在目标函数中添加惩罚因子来惩罚违法约束条件的数据，使得聚类结果最大可能地满足约束条件，但是结果中可能会出现违反约束条件的情况；③若先验信息是以单独的类标签信息给出时，称为种子集（seeds），可以利用此信息初始聚类中心，提高收敛速度。

基于距离的半监督聚类算法是利用标签数据或者成对约束信息得到一个新的距离测度函数，通过这个距离测度函数改变各样本间的距离，使其满足给定的约束条件，从而有利于聚类。常见的算法有四种：①通过成对约束信息和最短路径算法调整距离矩阵，使其更能充分地反映给定的约束信息；②通过约束对信息建立最优化问题，通过求解优化问题得到新的度量函数；③通过同类约束对信息学习新的马氏距离，然后聚类；④通过成对约束信息对数据进行特征投影，然后在新的子空间内进行聚类。

基于约束与距离集成的半监督聚类算法根据上述两种算法的基本思想得出，是一种通过主动学习或者边界限制选择向用户或者外部数据源获取更有价值的先验知识的半监督聚类算法。

本书采用基于成对点约束信息的半监督聚类算法，将带有类标签的样本数据转化为成对点约束指导聚类。这类算法一般使用成对约束 Must-link 和 Cannot-link 作为先验信息，其 Must-link 指的是两个点必须属于同一类，即集合 $M = \{(x_i, x_j)\}$；Cannot-link 指的是限制规定两个点不能在同一类中，即集合 $C = \{(x_i, x_j)\}$。

相似度矩阵的调整作为半监督聚类算法的核心步骤。基于成对点约束信息的相似度矩阵调整步骤如下。

（1）对先验信息中满足 Must-link 约束的数据对及由初始的 Must-link 约束集根据

Must-link 关系的传递性扩展得到的新的满足 Must-link 约束的数据对的相似度进行调整。对于先验信息中已有的 Must-link 约束对为

$$(x_i, x_j) \in M \Rightarrow s(i,j) = 0 \,\&\, s(j,i) = 0 \qquad (3.18)$$

由已知的 Must-link 约束对扩展得到新的 Must-link 约束对，将新的 Must-link 约束加入到 Must-link 约束集中，即

$$(x_i, x_k) \notin M \,\&\, (x_i, x_j) \in M \,\&\, (x_j, x_k) \in M \Rightarrow s(i,k) = 0 \,\&\, s(k,i) = 0 \,\&\, M = (x_i, x_k) \bigcup M \qquad (3.19)$$

通过这一调整，增加 Must-link 约束对的数量，这也对后面的调整步骤（3）、（4）有直接影响。

（2）对先验信息中满足 Cannot-link 约束的数据对的相似度进行调整，即

$$(x_i, x_j) \in C \Rightarrow s(i,j) = -\infty \,\&\, s(j,i) = -\infty \qquad (3.20)$$

（3）根据上述两步的初步调整结果，基于最短路径原则对不包含在先验信息中的数据对的相似度进行全局调整。如果数据集中存在一个数据点与待调整的数据对分别相连，这一数据点与这对数据点的相似度之和大于这对数据点的初始相似度，则调整这对数据点的相似度为较大的相似度，即

$$(x_i, x_j) \notin \{M \cup C\} \Rightarrow s(i,j) = \max\big(s(i,j), s(i,k) + s(k,j)\big) \qquad (3.21)$$

此外，考虑只有在 Must-link 集合中的数据点 $x_k$ 才有可能导致 $s(i,j)$ 的值发生变化，所以，计算时只与集合 $M$ 中某约束对中对应的数据点进行比较来加快运算速度。通过这一调整增加原有先验信息中的 Must-link 约束集。

（4）基于 Cannot-link 约束集对第（3）步中的调整结果进行局部修正。当全局调整中选择的数据点 $x_k$ 与这对数据点中的一个数据点之间满足 Cannot-link 约束，和另一个数据点之间满足 Must-link 约束，则认为这对数据点也满足 Cannot-link 约束，即数据点的相似度调整为最小，即

$$(x_i, x_j) \notin \{M \cup C\} \,\&\, (x_i, x_k) \in C \,\&\, (x_k, x_j) \in M \Rightarrow s(i,j) = -\infty \,\&\, s(j,i) = -\infty \qquad (3.22)$$

$$(x_i, x_j) \notin \{M \cup C\} \,\&\, (x_i, x_k) \in M \,\&\, (x_k, x_j) \in C \Rightarrow s(i,j) = -\infty \,\&\, s(j,i) = -\infty \qquad (3.23)$$

调整后将这一数据对加入到 Cannot-link 集合中，即

$$C = (x_i, x_j) \bigcup C \qquad (3.24)$$

### 3.4.3 CS-SAP 算法

在传统的 AP 聚类算法中，由于缺少先验信息，相似度矩阵难以准确地反映数据点间的相似性，从而降低聚类性能。另外，传统的 AP 聚类算法的偏向参数并不是依据数据集本身的聚类结构而设定的，这使得很难用聚类有效性方法来寻找最优聚类结果，鉴于此，本书提出一种基于布谷鸟优化的半监督 AP 聚类算法。该算法引入半监督的思想，将获得的带类标签的数据转化为成对点约束指导聚类过程，在此基础上，采用布谷鸟优化思想自适应扫描偏向参数空间来搜索聚类个数空间，以寻找最优聚类结果。

### 3.4.4 CS-SAP 算法流程

偏向参数的设定虽然与聚类质量的指标值不存在一一对应的线性关系，但是可以根据数据集的相似度矩阵得出偏向参数的一个最大值和一个最小值。根据偏向参数的最小值，设定更新偏向参数的步长 $Levy(\lambda) = \pm 0.01 \times \rho_{min}$。本章以 Sil 指标作为目标函数，引入半监督思想指导聚类，性能指标最大的那个值，其对应的聚类数目即是最优的聚类数目，找出的类代表点也是最合适的聚类中心。其基本思想是：假设外来蛋发现的概率为 0，设置 $n$ 个鸟窝的初始位置，每个鸟窝中只有一个蛋，每个蛋就是随机初始选择的一个 $P$ 值，并且以 Sil 指标作为目标函数，寻找到最优的 $P$ 值；然后以这 $P$ 值为节点，引入半监督思想指导聚类，利用简单的线性搜索自动找到最佳 $P$ 值、最优类数和最大 Sil 值。

基于布谷鸟优化的半监督 AP 聚类算法流程，如图 3.10 所示。

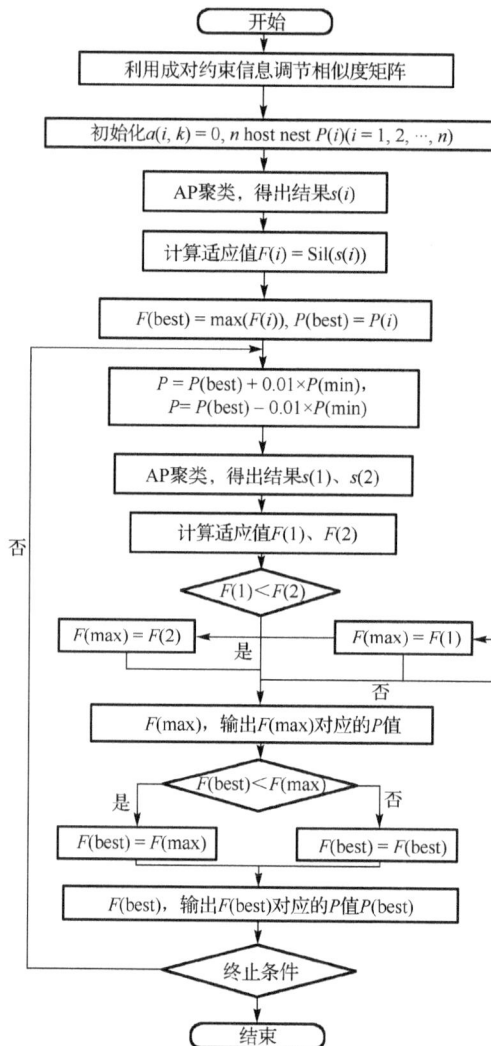

图 3.10 基于布谷鸟优化的半监督 AP 聚类算法流程图

### 3.4.5　实验模拟与结果分析

为检验本章提出的基于布谷鸟优化的半监督 AP 聚类算法有效性，选取 UCI 数据库中的 5 个数据集，即 Iris 数据集、Seeds 数据集、Ecoli 数据集、Fertility 数据集和 Haberman 数据集作为研究对象，其数据特征如表 3.15 所示。

表 3.15　数据集的数据特征

| 数据集 | 实例 | 维数 | 类数 |
| --- | --- | --- | --- |
| Iris | 150 | 4 | 3 |
| Seeds | 210 | 7 | 3 |
| Ecoli | 336 | 8 | 3 |
| Fertility | 100 | 10 | 2 |
| Haberman | 306 | 3 | 2 |

本章将其聚类结果与传统的 AP 聚类算法进行对比分析。其中，经典吸引子传播算法和本书改进的 CS-SAP 聚类算法聚类结果对比如表 3.16 所示，Sil 值对比如图 3.11 所示。

表 3.16　AP 聚类算法和 CS-SAP 算法聚类结果对比

| 数据集 | 实际类数 | AP 聚类数 | | CS-SAP 聚类数 |
| --- | --- | --- | --- | --- |
| | | $P$ 为中位数 | $P$ 为最小数 | |
| Iris | 3 | 12 | 5 | 3 |
| Seeds | 3 | 20 | 9 | 3 |
| Ecoli | 3 | 30 | 11 | 3 |
| Fertility | 2 | 18 | 9 | 2 |
| Haberman | 2 | 18 | 9 | 2 |

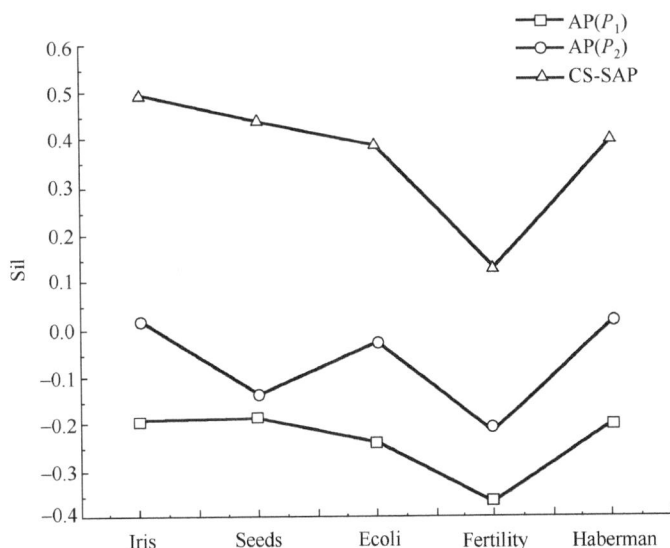

图 3.11　五个数据集的聚类结果对比（$P_1$ 取中位数，$P_2$ 取最小值）

当统计聚类数目与抽取样本的聚类数目相同时，我们就将此聚类数目作为最佳聚类数，结合 Sil 指标，找出最大指标值以及对应的偏向参数的数值；反之，仅仅比较 Sil 指标，最大指标值所对应的聚类数目就是最佳聚类数。从表 3.16 可以看出，在传统的 AP 聚类算法中，当偏向参数 $P$ 为相似矩阵数的中位数时，所聚的类数远远大于实际类数，当偏向参数 $P$ 为相似矩阵数的最小值时，所聚的类数差不多是偏向参数 $P$ 为相似矩阵数的中位数时所聚的类数的一半，但还是远大于实际类数；而基于布谷鸟搜索的半监督 AP 聚类算法所聚的类数与实际类数相符。这说明本章所提出的基于布谷鸟搜索的半监督 AP 聚类算法能够自动有效地聚类。

一个数据集所有样本的平均 Sil 指标可以反映聚类结果的质量，其 Sil 指标越大表示聚类质量越好。从图 3.11 可以看出，在传统的 AP 聚类算法中，当偏向参数 $P$ 为相似矩阵数的中位数时，Sil 指标都小于 -0.15，聚类精度很低；当偏向参数 $P$ 为相似矩阵数的最小值时，Sil 指标明显提高，其精度大于偏向参数 $P$ 为相似矩阵数的中位数时的精度，但都小于 0.25；基于布谷鸟搜索的半监督 AP 聚类算法的 Silhouette 指标值明显都大于 0.15，其聚类精度远远大于传统的 AP 聚类算法聚类精度（偏向参数 $P$ 为相似矩阵数的中位数或最小值）。

为了更好地验证该算法的有效性，本章选用两个人工数据集进行验证。

图 3.12 表示两种人工数据集通过 AP 聚类算法的结果，图 3.13 表示对应图 3.12 两种人工数据集 CS-SAP 聚类算法聚类的结果。通过对比可以看出，经典的 AP 聚类算法通过手动设置很难找到合适的类，只有反复不断地调整 $P$ 值聚类效果才会提高，而本章提出的 CS-SAP 聚类算法能够自动地扫描偏向参数空间寻找聚类个数，聚类情况与人工数据集空间分布特征相符合。这充分说明本章提出的基于布谷鸟优化的半监督 AP 聚类算法聚类精度高，能够明显地提高聚类的性能。

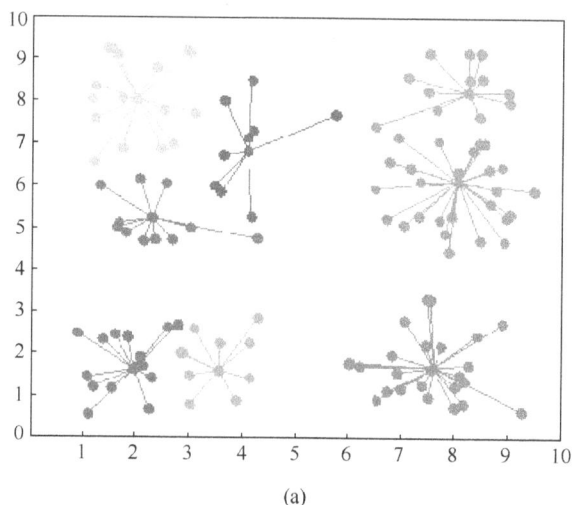

(a)

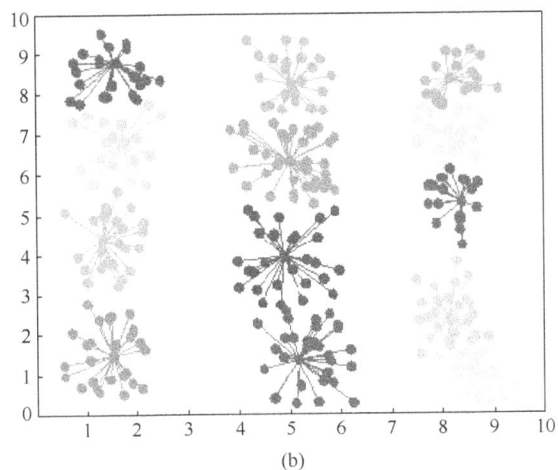

图 3.12　AP 聚类算法聚类结果（$P$ 为中位数或者最小数）（见彩图）

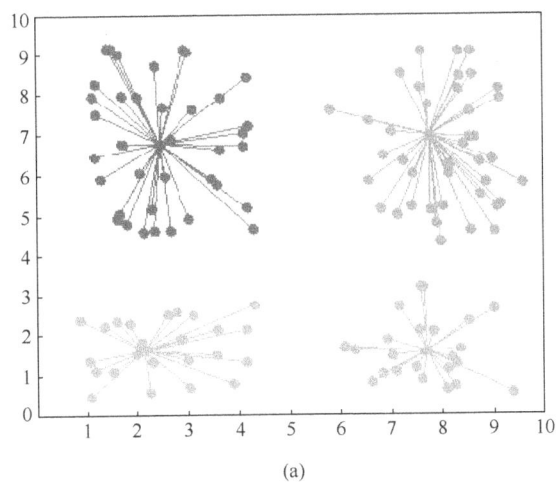

(a)

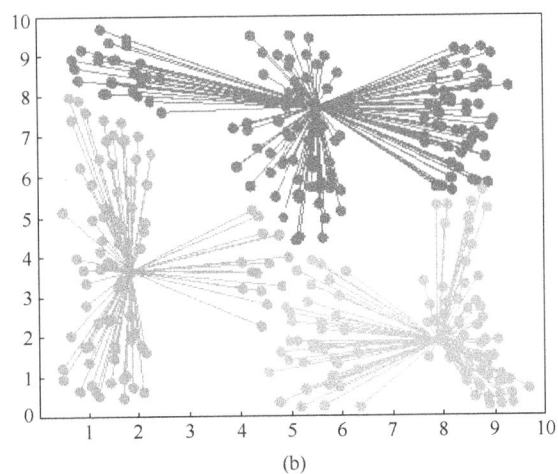

(b)

图 3.13　CS-SAP 聚类算法聚类结果（见彩图）

## 3.5    基于稳定阈值的吸引子传播聚类算法及其应用

### 3.5.1    基于稳定阈值的偏向参数优化技术

表 3.17 是偏向参数在不同倍数下的各项实验结果。数据表明，偏向参数 $P$ 值对聚类精度、聚类类数、迭代速度有较大影响。通过选取合适的偏向参数，能够获得标准数据集的最佳聚类类数，提高聚类性能。本章提出的基于稳定阈值的 AP 聚类算法能够有效地解决偏向参数的优化问题，使类空间的搜索精度更加准确。通过图 3.14 我们发现：Ionosphere 数据集的聚类类数随着偏向参数的增大出现三个阶段的变化，第一阶段为收敛阶段，该阶段聚类结果较好，很少发生重复现象，算法收敛速度较快。第二阶段为稳定阶段，此阶段获得该数据集的最优聚类类数，同时聚类精度较高。第三阶段是振荡阶段，算法发生振荡，此时该算法所得到的聚类结果失真。在大量数据集的实验中，使用 AP 聚类算法进行仿真模拟聚类都有三个阶段的变化[13]。

表 3.17    不同偏向参数下 AP 聚类算法对 Wine 数据集的聚类参数

| 偏向参数倍数 | 运行时间/s | 迭代次数 | 聚类精度 | 聚类类数 |
| --- | --- | --- | --- | --- |
| 1 | 0.255050 | 89 | −0.3544 | 12 |
| 2 | 0.181141 | 117 | −0.2727 | 11 |
| 3 | 0.218614 | 166 | −0.2319 | 7 |
| 4 | 0.290893 | 256 | −0.243 | 8 |
| 5 | 0.39452 | 376 | −0.1825 | 6 |
| 6 | 0.657784 | 689 | −0.3172 | 6 |
| ⋮ | ⋮ | ⋮ | ⋮ | ⋮ |
| 16 | 7.862692 | 9367 | 0.0678 | 3 |

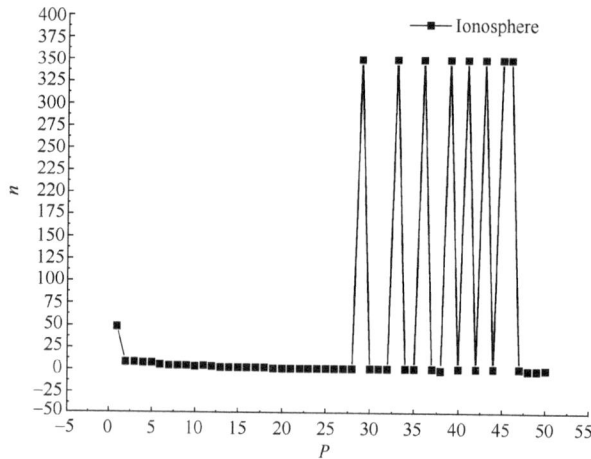

图 3.14    在不同偏向参数下 Ionosphere 数据集的聚类类数

基于稳定阈值的 AP 聚类算法是一种偏向参数优化技术，即用稳定阈值衡量算法的稳定状态并通过数学建模量化该状态。稳定阈值描述的是聚类结果的重复度，这种重复度越大，算法迭代越稳定，聚类类数越接近真实类数。此时，在类空间对应的偏向参数下，聚类性能更优。稳定阈值的确定尤为重要，数据集的样本数和维度对 AP 聚类算法

的聚类结果影响较大, 因此提出一种关于样本数与维度比的线性函数作为稳定阈值的极限值, 即

$$\lim_{ST \to +\infty} ST = \frac{SN}{n \cdot Dim} \tag{3.25}$$

其中, SN 为样本数, Dim 为维度。稳定阈值的大小主要由样本数和维度决定。样本数越大, 维度越小, 动态搜索程度越大, 这符合 AP 聚类算法聚类原理。$n$ 与样本数与维度的比值成正比, 通过基于稳定阈值的 AP 聚类算法的遍历搜索 $n$, 使算法与数据集的拟合度最高。

基于稳定阈值的 AP 聚类算法提出基于稳定因子、振荡因子和弱稳定因子的线性函数, 作为稳定阈值的度量函数。稳定因子为聚类重复度, 振荡因子为聚类振荡度, 弱稳定因子数为聚类结果顺序递减度。引入弱稳定因子能够更加准确地捕捉振荡度少的数据集类空间的稳定状态。稳定阈值由上述三个部分组成, 即

$$ST = SF - CF - WSF \tag{3.26}$$

其中, SF 为稳定因子, CF 为振荡因子, WSF 为弱稳定因子[14]。

## 3.5.2　S 型收敛因子加速技术

鉴于传统 AP 聚类算法在对大数据和高维数据聚类时, 存在处理速度较慢的弊端, 本章提出了一种基于 S 型收敛因子的加速技术。在 AP 聚类算法中, 阻尼系数越大, 收敛速度越缓慢, 合适的阻尼系数将会减少算法运行时间。以 Sigmoid 函数为筛选器寻找最优收敛因子, 将其引入到该算法中提高算法的迭代速度, 即

$$f(\text{net}) = a + \frac{b}{1 + \exp(-d \times \text{net})} \tag{3.27}$$

基于稳定阈值的 AP 聚类算法如下。

（1）输入相似性矩阵 $S(i, j)$。

（2）优化搜索偏向参数, 步长为 1。初始偏向参数是相似性矩阵 $S(i, j)$ 的中位数。

（3）初始化稳定阈值 ST 及其相关参数, 迭代更新 ST、SF、CF、WSF。

（4）更新矩阵 $R$ 和矩阵 $A$。

（5）更新吸引度和归属度矩阵, 即

$$r(i, k)^{(t+1)} = f(\text{net}) \cdot \lambda \cdot r(i, k)^{(t)} + (1 - \lambda) \cdot r(i, k)^{(t-1)} \tag{3.28}$$

$$a(i, k)^{(t+1)} = f(\text{net}) \cdot \lambda \cdot a(i, k)^{(t)} + (1 - \lambda) \cdot a(i, k)^{(t-1)} \tag{3.29}$$

（6）更新稳定阈值 ST, 达到极限值结束算法。

## 3.5.3　仿真模拟实验与分析

仿真模拟实验环境为 Pentium G645 2.9GHz CPU, 4GB 内存。实验参数是阻尼系数 $\lambda=0.5$, $t=10$, 算法评价指标选用 Sil 指标。为了更好地说明问题, 有效地验证本章提出改进算法的可行性与有效性, 选取高维和低维两类数据集作为仿真模拟实验的数据样本, 如表 3.18 所示。

**表 3.18　实验数据集参数**

| UCI 标准数据集 | 样本数 | 维度 |
|---|---|---|
| Wine | 178 | 13 |
| Iris | 150 | 4 |
| Ionosphere | 351 | 34 |
| Seeds | 210 | 7 |
| Haberman | 306 | 3 |
| Cmc | 1473 | 10 |

　　利用本章提出的基于稳定阈值的引子传播聚类算法进行仿真模拟实验,实验结果如表 3.19 所示。低维,样本数少的 Wine、Iris、Seeds、Harberman 数据集,其算法运行时间差异很小,而高维 Ionosphere 数据集算法运行时间却减少了 73.3%,多样本数 Cmc 数据集算法运行时间减少了 11%。通过表 3.20 的实验结果说明:当样本数和维度越大时,算法运行时间越少,因此本章提出的改进算法能够有效地提高高维多样本数据聚类效率。

**表 3.19　AP 和改进 AP 实验结果对比**

| 标准数据集 | AP Sil | AP 聚类类数 | STA-AP Sil | 改进 AP 聚类类数 | 数据集真实类数 |
|---|---|---|---|---|---|
| Wine | −0.3544 | 12 | 0.3562 | 3 | 3 |
| Iris | −0.1894 | 12 | 0.4542 | 3 | 3 |
| Ionosphere | 发散 | 49 | −0.0092 | 2 | 2 |
| Seeds | −0.2594 | 17 | 0.3946 | 3 | 3 |
| Haberman | −0.2668 | 31 | 0.3959 | 2 | 2 |

　　图 3.15 和图 3.16 是采用人工数据集,分别利用传统 AP 聚类算法及本章提出的改进的 AP 聚类算法进行仿真模拟实验获得的聚类结果。人工数据集由 MATLAB 自动生成二项分布随机数据。对于同一个人工数据集,采用传统 AP 聚类算法获得的聚类结果为 6 类,而本章提出的基于稳定阈值的引子传播聚类算法获得的聚类结果为 2 类,改进的 AP 聚类结果更符合数据的实际空间分布特征,识别率为 100%。人工数据实验表明,改进的 AP 聚类算法具有更优的聚类性能。

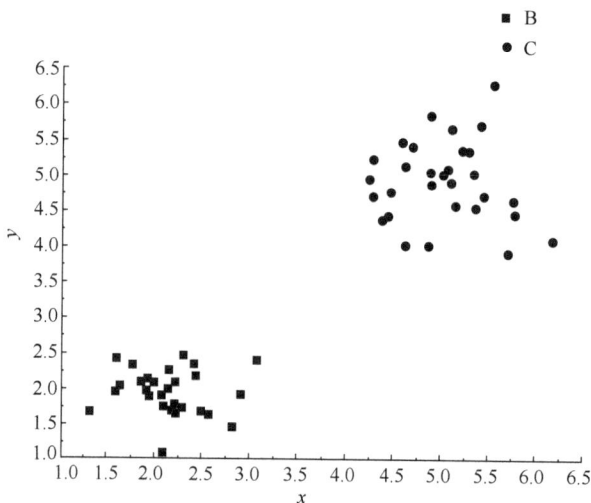

图 3.15　改进的 AP 聚类算法聚类结果

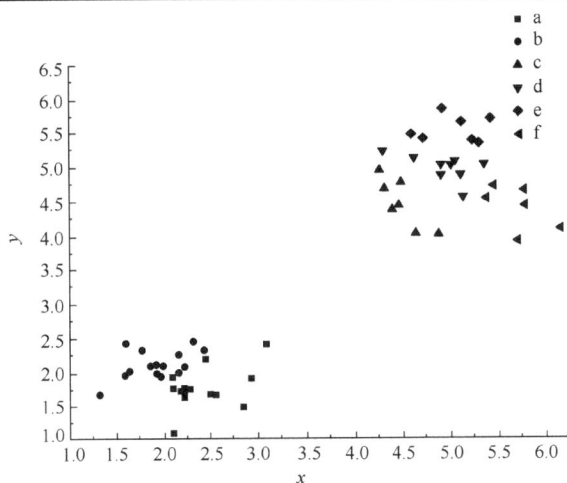

图 3.16　传统 AP 聚类算法聚类结果

　　表 3.20 是 AP 聚类算法和改进 AP 聚类算法对标准数据集的聚类结果比较，仿真实验表明，与传统 AP 聚类算法相比，改进 AP 聚类算法 Sil 值明显提高，在 Wine、Iris 等数据集中，实现了对偏向参数的优化，聚类类数均能达到真实类数，大幅度提高了传统 AP 聚类算法的聚类性能。

表 3.20　AP 聚类算法和改进 AP 聚类算法运行时间的比较

| UCI 标准数据集 | AP 运行时间/s | 引入 S 型函数后 AP 运行时间/s |
| --- | --- | --- |
| Wine | 0.156582 | 0.150809 |
| Ionosphere | 57.204761 | 15.277670 |
| Cmc | 20.614013 | 18.342031 |
| Harberman | 0.703635 | 0.678900 |
| Iris | 0.121239 | 0.119951 |
| Seeds | 0.212192 | 0.206391 |

　　在这一部分，利用本书提出的基于稳定阈值的 AP 聚类算法用于房地产上市公司评价领域。实验数据均来源于巨潮网，选取 2013 年 98 家上市公司的第三季度财务指标作为数据样本（表 3.21）。另外，提出基于聚类指数的概念衡量股票在本行业上市公司中的地位。

表 3.21　2013 年 98 家房地产上市公司第三季度财务指标

| 上市公司 | 每股收益/元 | 每股资本公积金/元 | 每股未分配利润/元 | 净资产收益率/% | 每股净资产/元 |
| --- | --- | --- | --- | --- | --- |
| 世联地产 | 0.48 | 1.3155 | 1.09 | 12.81 | 3.76 |
| 荣盛发展 | 0.93 | 0.7711 | 2.72 | 17.92 | 5.18 |
| 阳光城 | 0.37 | 0.2526 | 1.32 | 14.09 | 2.6 |
| 卧龙地产 | 0.098 | 0.1077 | 0.79 | 4.82 | 2.03 |
| 新湖中宝 | 0.046 | 0.1797 | 0.72 | 2.34 | 1.98 |
| 金地集团 | 0.16 | 1.3094 | 2.7 | 3.01 | 5.32 |
| ⋮ | ⋮ | ⋮ | ⋮ | ⋮ | ⋮ |
| 运盛实业 | −0.083 | 0.1561 | −0.09 | −7.67 | 1.09 |
| 绿景地产 | 0.037 | 0.1233 | −0.08 | 3.4 | 1.08 |

仿真模拟实验结果如表 3.22 所示。通过采用基于稳定阈值的 AP 聚类算法对上市公司进行仿真模拟聚类，将 98 家上市公司分为两类，其中一级上市公司为 24 家，二级为 74 家，一级企业的平均每股收益是二级企业的 5 倍，平均净资产收益率是二级企业的 153 倍。一级企业的业绩明显超过二级企业。两个重要指标的差异性说明本书提出的改进聚类算法聚类识别度高，聚类效果明显。本书提出的聚类指数可作为投资重要参考依据，能够有效评价该行业绩优股。投资者要获得高收益，需要关注一级聚类指数的上市公司，而二级企业需要调整发展战略。

表 3.22　两类上市企业财务指标统计数据

| STAP 聚类指数 | 平均每股收益/元 | 平均每股资本公积金/元 | 平均每股未分配利润/元 | 平均净资产收益率/% | 平均每股净资产/元 |
| --- | --- | --- | --- | --- | --- |
| 一级 | 0.546 | 0.816 | 2.247 | 12.863 | 4.45 |
| 二级 | 0.099 | 0.879 | 1.084 | 0.084 | 3.161 |

## 3.6　基于约束规则的吸引子传播聚类算法

鉴于传统 AP 聚类算法聚类性能受偏向参数的影响很大，本书提出一种基于约束规则的 AP 聚类算法（constraint rules-based affinity propagation，CRAP）。该算法利用 $\lambda$ 倒序检验的策略，采用基于约束规则的分布式搜索算法（constraint rules-based distributed search algorithm，CRDSA）、多种群同时搜索偏向参数空间等方法，捕捉最优聚类结果。另外，还将该改进的 AP 聚类算法用于上市公司财务评价领域。

### 3.6.1　稳定模型

前面基于稳定阈值的吸引子传播算法的改进思路实质上是来源于 AP 聚类算法聚类结果的稳定性衡量，即是建立一种稳定模型的思路来捕获合适的偏向参数，这种思路是有自己的理论基础的。

首先，2007 年 Frey 和 Dueck 在 *Science* 上发表了 *Points Clustering by Passing Messages between Data* 中，明确给出了偏向参数和聚类数之间的关系[15]，偏向参数和聚类数虽然不存在线性相关关系，但是也能看到正相关关系，即随着偏向参数的增大，聚类类数不断增加，直到算法无法收敛或者聚类结果失真。偏向参数增大到一定值以后，算法会发散，聚类结果失真，所以稳定模型的建立需在算法失真之前。前几处稳定阶段和具体聚类效果之间的关系需要进一步论证。

基于稳定阈值的 AP 聚类算法，只是模糊地推断出稳定阶段的聚类效果会比振荡阶段好很多。所以我们进一步论证这个模型，采用 UCI 数据集进行检验和说明。

稳定阈值仅仅分析聚类类数的稳定性，导致算法本身鲁棒性低，所以我们将聚类结果评价指标加入到这个稳定模型中，首先说明一下原因：算法介绍部分可以看到评价指标 Sil 在大于 0.5 的时候，聚类结果有明显的界限；小于 0.5 大于 0.2 时，聚类结果开始出现重叠，聚类开始逐渐不准确；小于 0.2 则聚类评价指标和类数之间没有明确关系。所以把评价指标加入稳定模型能够进一步有效地衡量聚类的稳定性。

图 3.17 可以看到，我们用 Wine 与 Iris 数据集检测聚类评价指标和聚类结果类数之间的关系，发现确实存在这样的稳定区域，使得传统 AP 聚类算法获得更好的聚类结果，甚至能够捕捉到真实类数。

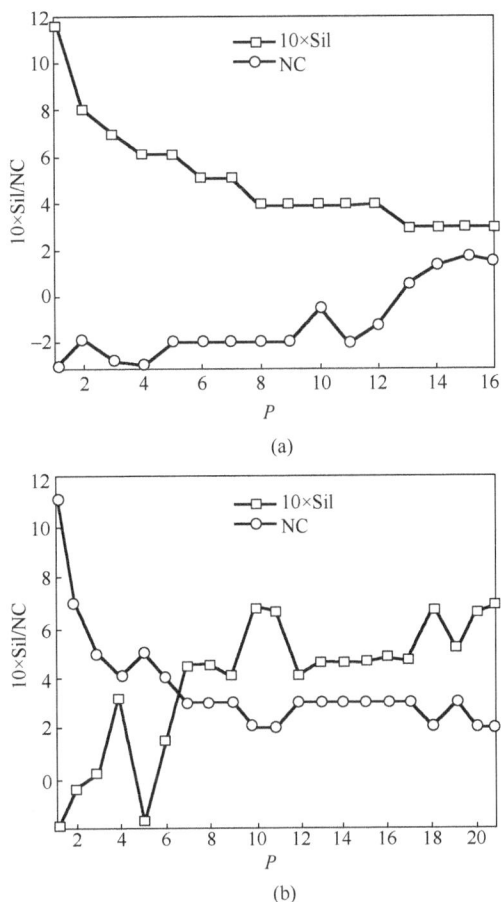

图 3.17　(a) Wine 数据集 10×Sil（倍化显示更能看出统计特征）
与 NC（聚类结果类数）和(b) Iris 数据集用作同类分析

综上所述，鉴于稳定模型的合理性和科学性，我们才开始提出一定的约束规则和搜索算法来捕获最佳聚类数。

### 3.6.2　λ 倒序检验

**定义 3.1**（Sil 序列）　该序列由一组 Sil 指标组成的动态数组，在不同约束（CR）规则下动态删除元素，即

$$\text{Sil} = \left\{ \text{Sil} \middle| \text{CR}_i \right\}, \quad i \in [1,4] \tag{3.30}$$

**定义 3.2**（λ 倒序检验）　阻尼因子与算法稳定性正相关，算法获取真实类数时，相关性最大。因此提出一种 Sil 指标绝对差值小的条件下最优后继种群的检验方法，生成前驱种群 λ 检验序列，即

$$Pback = \max\left\{Sil\big|\lambda\right\}, \lambda \in [0.9, 0.5), \quad \lambda_{step} = 0.1 \tag{3.31}$$

图 3.18 所示 Wine 数据集 $\lambda$ 倒序检验，$P=24$ 和 $P=25$ 在 $\lambda=0.5$ 时 Sil 值相等，满足约束 3.4，$\lambda$ 倒序检验结果，$Sil(P=25, \lambda=0.8) > Sil(P=24, \lambda=0.8)$，因此算法将 $P=24$ 剔除 Sil 序列。以上证明 $\lambda$ 检验序列是一种有效获取最优种群的方法。

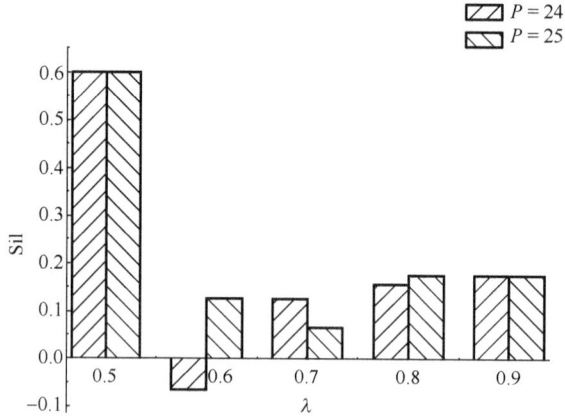

图 3.18　Wine 数据集 $\lambda$ 倒序检验

### 3.6.3　基于约束规则的搜索算法

为了克服 AP 聚类算法无法获取先验偏向参数的弊端，提出一种改进的 AP 聚类算法，该算法内含基于约束规则的分布式搜索算法（CRDSA）和收敛因子加速技术。CRDSA 搜索算法采用 Sil 指标作为约束规则的考量标准，该指标利用类内平均距离和最小类间距离评价聚类结果，Sil 指标大于 0.5 说明聚类空间界限分明，Sil 指标小于 0.5 说明聚类空间出现重叠，而 Sil 指标小于 0.2 代表聚类结果失真。图 3.19 和图 3.20 表明，数据集 Sil 指标与聚类类数的稳定空间具有一致性，以上是该算法定义和约束规则的理论支撑。CRDSA 搜索算法利用分布式计算思想遍历偏向参数空间，将寻优任务划分成多个任务单元，并行处理，最后将结果统一并捕捉最优聚类数。

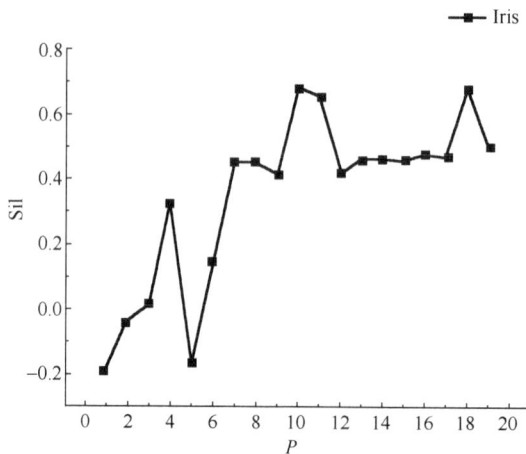

图 3.19　Iris 数据集聚类图

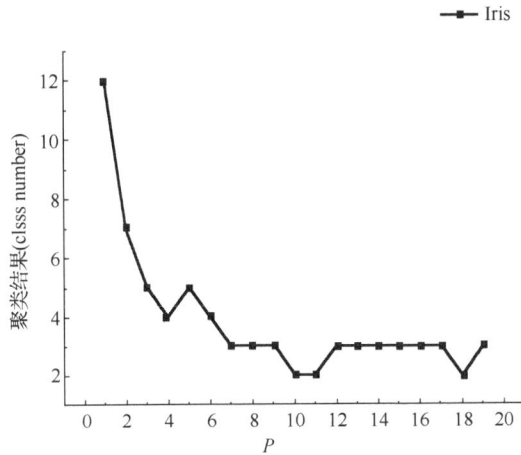

图 3.20　Iris 数据集聚类图

CRDSA 搜索算法初始获取一个足够大的偏向参数 $P$ 值，设置 $P_{beg}$=100 并初始化种群等分偏向参数空间。模糊搜索阶段前驱种群 $Pfront_i = \{(i-1)P_{max}/10\}$，$i \in [1,10]$ 并在 $\lambda$=0.5 条件下分布式遍历偏向参数空间。模糊搜索产生一组伪 Sil 值序列，Sil=1，Sil=NaN 或 Sil<0.2 代表该偏向参数下聚类结果失真，算法自动剔除失真值，最终产生一组有效的模糊搜索 Sil 值序列。CRDSA 搜索算法通过约束 3.1、约束 3.2 和约束 3.3 确定模糊搜索后继种群 $Pback_{1st}$，约束 3.1 和约束 3.2 选取后继种群方法不同是因为 Sil>0.5 时聚类空间不重叠，Sil 与 $\lambda$ 弱相关，$\lambda$ 倒序检验无法鉴别该种情况。

**约束 3.1**　Sil 序列满足 $|S_i - S_j| < 0.02$ 且 Sil>0.5 的个数超过 2 个，说明该序列存在稳定区间。高质量聚类类数即存在于这个稳定区间，此时选取 Sil 波动率最小（即最稳定区间）的起始种群作为后继种群 $Pback_{1st}$。

**约束 3.2**　Sil 序列满足 $|S_i - S_j| < 0.02$ 且 Sil<0.5 的个数超过 2 个，算法调用 $\lambda$ 倒序检验，选取后继种群 $Pback_{1st}$。

**约束 3.3**　Sil 序列不满足约束 3.1 和约束 3.2，则选取最大 Sil 值对应的后继种群。

**约束 3.4**　Sil 序列满足 Sil>0.5 或者出现同值 Sil，相应种群进行 $\lambda$ 倒序检验，选取后继种群；Sil 序列不满足前一逻辑，则选取最大 Sil 对应的后继种群。

获取模糊搜索后继种群后，CRDSA 算法进入精确搜索阶段。更新精确搜索前驱种群 $P_{beg} = Pback_{1st}$，$Pfront_i = \{P_{beg} + i\}$，$i \in [0,10)$，$P_{step} = 1$。精确搜索通过约束 3.4 确定后继种群 $Pback_{2nd}$ 并捕捉数据集的最优聚类结果。此时 CRDSA 算法转入调整阶段。更新前驱种群 $P_{beg} = Pback_{2nd}$，$Pfront_i = \{P_{beg} + i\}$，$i \in [0.1,1)$，$P_{step} = 0.1$。调整阶段功能是在约束 3.4 下进一步提高 Sil 值，获取 $Pback_{3rd}$，否则退出搜索，结束 CRDSA 搜索算法。

### 3.6.4　仿真模拟实验与分析

仿真模拟实验环境是 Pentium G645 2.9 GHz CPU，4GB 内存。为了更好地说明问题，有效地验证本章提出改进算法的可行性与有效性，选取高维和低维两类数据集作为仿真模拟实验的数据样本，如表 3.23 所示。

表 3.23　实验数据集参数

| UCI 标准数据集 | 样本数 | 维度 |
| --- | --- | --- |
| Wine | 178 | 13 |
| Iris | 150 | 4 |
| Seeds | 210 | 7 |
| Haberman | 306 | 3 |
| Cmc | 1473 | 10 |

表 3.24 表明，Iris 和 Wine 数据集的 Sil 超过 0.5，Seeds 和 Harberman 数据集的 Sil 超过 0.4，聚类精度较传统 AP 聚类算法大幅度提高，并且获取全部数据集真实类数。

表 3.24　AP 和改进 AP 聚类算法实验结果比较

| 数据集 | AP Sil | AP 聚类类数 | CRAP Sil | CRDAP 聚类类数 | 真实类数 |
| --- | --- | --- | --- | --- | --- |
| Wine | −0.3544 | 12 | 0.5996 | 3 | 3 |
| Iris | −0.1894 | 12 | 0.5057 | 3 | 3 |
| Seeds | −0.2594 | 17 | 0.4325 | 3 | 3 |
| Haberman | −0.2668 | 31 | 0.4099 | 2 | 2 |

图 3.21 与图 3.22 表明 AP 聚类算法和 CRAP 算法的可视化差别，使用由 MATLAB 随机生成二项分布数据。Sil(AP)=−0.3282<0，类数 7，Sil(CRAP)=0.3991<0.5，类数 2。CRAP 算法有效地挖掘该人工数据集的真实类数，并测度出该数据集聚类空间重叠，识别度为 100%。UCI 标准数据集与人工数据集的聚类结果充分验证，CRAP 聚类算法能够明显地提高聚类性能。

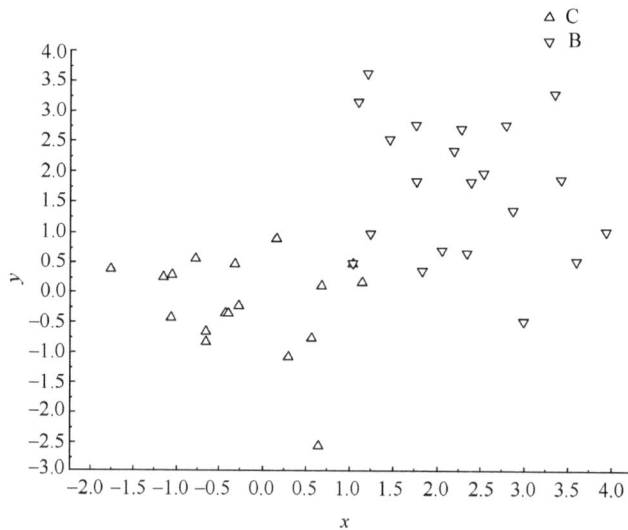

图 3.21　改进的 AP 聚类算法聚类结果

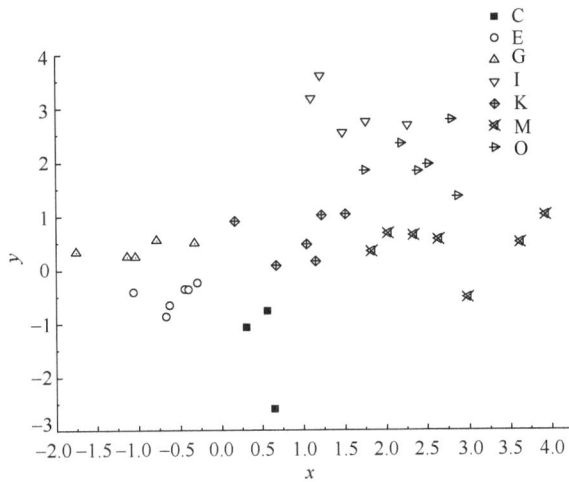

图 3.22 传统 AP 聚类算法聚类结果

如表 3.21 所示,本书将改进的 AP 聚类算法应用到上市公司财务评价领域,观察 CRAP 算法的实用效果。聚类结果如表 3.25 所示,一类平均每股收益是二类的 6.55 倍,一类平均净资产收益率是二类的 7.62 倍。这两个重要财务指标具有明显的差异性,说明 CRAP 算法对未知真实类数数据具有显著识别度,实用性强,能够有效地区别行业内企业地位的高低,投资者应该关注一类企业,将聚类结果作为重要的投资参考数据。

表 3.25 两类上市公司财务指标统计数据

| 聚类结果 | 平均每股收益/元 | 平均每股资本公积金/元 | 平均每股未分配利润/元 | 平均净资产收益率/% | 平均每股净资产/元 |
|---|---|---|---|---|---|
| 一类（31 家） | 0.4864 | 0.8974 | 2.1923 | 11.5 | 4.438 |
| 二类（67 家） | 0.0742 | 0.8549 | 0.9688 | 1.5084 | 3.0205 |

## 3.7 本 章 小 结

针对 AP 聚类算法在处理不同数据时,难以合理地确定偏向参数和阻尼因子取值的不足,本章提出基于五种优化参数的 AP 聚类算法,分别对偏向参数和阻尼因子进行优化。FOA-AP 算法通过将输入聚类算法的矩阵的数据个数作为果蝇种群,利用果蝇优化算法的全局寻优能力,自适应地搜索偏向参数空间,快速、准确地定位最优参数空间。同时根据 Sil 有效性指标作为适度函数,合理地确定种群搜寻步长、搜索范围,强化算法的局部寻优能力,从而获得最佳聚类结果;FOA-SAP 算法通过将偏向参数和阻尼因子作为果蝇种群,利用果蝇优化算法的全局寻优能力,自适应地搜索两个参数空间,快速、准确地定位最优参数空间;FEO-SAP 算法将 AP 聚类算法与半监督学习思想相结合,利用成对点约束信息调整相似度矩阵,并在此基础上通过烟花爆炸优化算法,快速、准确地定位最优偏向参数空间,自适应地调整前向搜索与回溯搜索的范围,均衡算法的全局探索和局部搜索能力;CS-SAP 算法引入半监督思想指导聚类,同时在信息替代过程中,引入布谷鸟优化思想自动搜索偏向参数取值空间,自适应地获取偏向参数,以提高聚类性能;STAP 算法通过稳定阈值的方法,在类空间捕捉稳定状态和该状态下的偏向参数，达到优化偏向参数的目的，同时将 Sigmoid 函数引入到该算法中作为收敛因子，加快算法单次循环收敛速度。偏向参数优化策略和算法加速方法的结合克服了传统 AP 聚类算法存在的弊端。CRAP 算法利用 $\lambda$ 倒序检验技术，基于约束规则的分布式搜索算法和收敛因子加速技术遍历偏向参数空间，获取最优聚类数。

# 参 考 文 献

[ 1 ] Pan W T. A new fruit fly optimization algorithm: Taking the financial distress model as an example. Knowledge-Based Systems, 2012, 26: 69-74.

[ 2 ] 张鸣. 符号数据聚类评价指标研究. 太原: 山西大学, 2013: 1-49.

[ 3 ] 徐翠. 复杂网络中基于数据场的自适应聚类算法研究. 武汉: 华中师范大学, 2014: 1-54.

[ 4 ] 曹炬, 贾红, 李婷婷. 烟花爆炸优化算法. 计算机工程与科学, 2011, (1): 138-142.

[ 5 ] 屈迟文, 傅彦铭. 基于混合变异算子的布谷鸟优化算法. 科学技术与工程, 2013, (27): 8008-8013.

[ 6 ] 钱伟懿, 候慧超, 姜守勇. 一种新的自适应布谷鸟搜索算法. 计算机科学, 2014, 7: 279-282.

[ 7 ] 郑洪清, 周永权. 一种自适应步长布谷鸟搜索算法. 计算机工程与应用, 2013, 49(10): 68-71.

[ 8 ] Yang X S, Deb S. Cuckoo search via Lévy flights//Proceedings of World Congress on Nature & Biologically Inspired Computing, India, 2009: 210-214.

[ 9 ] 肖宇, 于剑. 基于吸引子传播算法的半监督聚类. 软件学报, 2008, 19(11): 2803-2813.

[10] Chang C C, Chen H Y. Semi-supervised clustering with discriminative random fields. Pattern Recognition, 2012, 45(12): 4402-4413.

[11] Shiga M, Mamitsuka H. Efficient semi-supervised learning on locally informative multiple graphs. Pattern Recognition, 2012, 45(3): 1035-1049.

[12] Yin X, Chen S, Hu E, et al. Semi-supervised clustering with metric learning: An adaptive kernel method. Pattern Recognition, 2010, 43(4): 1320-1333.

[13] Wang L M, Han X M. Stability threshold-based affinity propagation and its application. International Journal of Database Theory and Application, 2016, 42(7): 56-64.

[14] 王丽敏, 王依章, 韩旭明, 等. 基于稳定阈值的吸引子传播算法. 吉林大学学报(理学版), 2014, (6): 1249-1254.

[15] Frey B J, Dueck D. Clustering by passing messages between data points. Science, 2007, 315(5814): 972-976.

# 第4章　基于优化相似度矩阵的吸引子传播聚类算法及其应用

　　聚类是按不同对象之间的差异进行模式分类，因此对具体的金融数据做聚类分析，其关键是选取合适的特征。特征是决定金融数据挖掘质量的重要因素。若特征选取得好，则数据分布容易区分，反之数据分布则很难区分。特征空间维数越高，聚类分析的复杂性就越高，因此如何进行特征选取并设计有效特征选取的新方法变得尤为重要。相似性度量的定义会直接影响 AP 聚类算法的聚类效果。在传统的 AP 聚类算法中，以欧氏距离作为相似度量方式的算法并没有考虑数据集的空间特征结构。我们在现实生活中获取样本时，往往会获取一些并不适合以欧氏距离作为相似度量方式的样本数据，这样会导致聚类效果不佳。因此，依据数据集的空间特征结构，构造合适的相似度矩阵，研究高效、可扩展、适合复杂结构的数据集的 AP 聚类算法是一个关键问题。李洁等提出了一种基于特征加权的模糊聚类新算法，通过 ReliefF 算法对特征进行加权选择，得到了很好的聚类结果[1]。孙晓博等将粗糙集理论中的区分能力引入到聚类算法中，用来度量属性的重要性，进而提出了一种能够处理符号型数据的新的加权粗糙聚类算法，实验表明，提出的新算法对数据输入顺序不敏感，且不需要预先给定簇的数目，提高了聚类的质量[2]。蔡静颖等提出了一种基于马氏距离特征加权的模糊聚类算法，利用自适应马氏距离的优点对特征加权处理，对高属性相关的数据集进行更有效的分类，实验证明了该方法的可行性和有效性[3]。黎佳等在现有半监督聚类技术的基础上，通过特征加权来提高同一类文档的相似性，从而得到更好的聚类效果[4]。鉴于此，本书提出若干优化相似度矩阵的吸引子传播聚类算法，分别是基于变异赋权的吸引子传播（coefficient of variation affinity propagation，CVAP）聚类算法、基于智能赋权的吸引子传播（intelligent weighting based on affinity propagation，IWAP）聚类算法、基于距离贴近度的吸引子传播（close measures affinity propagation，CM-AP）聚类算法、半监督自适应权重吸引子传播（semi-supervised affinity propagation clustering algorithm based on adaptive feature weighted，AFW-SAP）聚类算法、基于结构相似度的半监督自适应吸引子传播（semi-supervised adaptive affinity propagation based on structural similarity，SAAP-SS）聚类算法和基于属性分布相似度的吸引子传播（properties distribution similarity-based affinity propagation，PDS-AP）聚类算法，通过优化相似度矩阵，可以有效地消除量纲影响，聚类效果明显提高，同时，拓宽算法具有处理多种数据的能力，具有很好的鲁棒性。

## 4.1　基于变异赋权的吸引子传播聚类算法

　　吸引子传播算法是基于吸引子信息传播的聚类算法，它是在数据形成的相似度矩阵基础上进行聚类的，通常选用欧氏距离作为相似度的测算指标。欧氏距离涉及样本的所有属性，并且每个属性对聚类结果的贡献度被认为是一样的，这样会加大一些与聚类无关属性的作用，从而降低聚类质量[5]。为了有效地克服这一缺陷，本章在吸引子传播算法基础上引入变异系数，通过计算每个属性的变异系数，为其赋予一定权值，提出一种基于变异赋权的吸引子聚类算法。

## 4.1.1 变异系数

对于一组数据 $x_1, x_2, \cdots, x_n$ 的变异系数就是它的标准差除以均值的绝对值[6]，计算过程为

$$\overline{X} = \frac{1}{n} \sum_{i=1}^{n} X_i \tag{4.1}$$

$$S_x = \left( \frac{1}{n-1} \sum_{i=1}^{n} (X_i - \overline{X})^2 \right)^{\frac{1}{2}} \tag{4.2}$$

$$v_x = \frac{S_x}{|\overline{X}|} \tag{4.3}$$

其中，$\overline{X}$ 表示均值；$S_x$ 表示标准差；$v_x$ 表示变异系数。

为了提高可分性好的属性贡献度，降低无关属性和噪声属性对聚类结果的影响，在 CVAP 算法中先利用变异系数对样本属性进行赋权，得到新的相似度计算公式为

$$s(i,k) = -\sqrt{\sum_{d=1}^{T} \omega_d \cdot (x_i^d - x_k^d)^2} \tag{4.4}$$

$$\omega_d = \frac{v_d}{\sum\limits_{d=1}^{T} v_d}, \quad d = 1, 2, \cdots, T \tag{4.5}$$

其中，$\omega_d$ 表示第 $d$ 维属性权重；$v_d$ 表示第 $d$ 维属性的变异系数；$T$ 为样本属性数目。

## 4.1.2 变异赋权的吸引子传播聚类算法流程

CVAP 算法具体步骤如下。

（1）通过式（4.1）~式（4.3）计算出样本各属性的变异系数。

（2）初始化矩阵 $Aa(i,k)=0$，根据式（4.4）计算相似度矩阵 $S$，偏向参数 $P$ 计算公式为

$$s(i,i) = \frac{\varphi \sum\limits_{i,j=1; i \neq j}^{N} s(i,j)}{N(N-1)} \tag{4.6}$$

其中，$\varphi$ 为调节权；$N$ 为样本数。

（3）更新矩阵 $A$ 与矩阵 $R$，本章选取 $\lambda$ 为默认值 0.5，即

$$r(i,k) = s(i,k) - \max_{k's.t.k' \neq k} \{a(i,k') + s(i,k')\} \tag{4.7}$$

$$a(i,k) = \begin{cases} \min\left\{0, r(k,k) + \sum_{i' s.t. i' \notin \{i,k\}} \max\{0, r(i',k)\}\right\}, & i \neq k \\ \sum_{i' s.t. i' \neq k} \max\{0, r(i',k)\}, & i = k \end{cases} \tag{4.8}$$

$$r(i,k)^{(t+1)} = \lambda \cdot r(i,k)^{(t)} + (1-\lambda) \cdot r(i,k)^{(t-1)} \tag{4.9}$$

$$a(i,k)^{(t+1)} = \lambda \cdot a(i,k)^{(t)} + (1-\lambda) \cdot a(i,k)^{(t-1)} \tag{4.10}$$

（4）获得相应的类代表点，即

$$\arg\max_k \left(a(i,k) + r(i,k)\right) \tag{4.11}$$

（5）若算法达到最大迭代次数或类代表点在若干次迭代中不发生改变，则算法结束；否则，返回步骤（3）继续迭代。

### 4.1.3　数据预处理

本章选取了 100 家 2012 年 A 股上市公司年报财务数据作为研究对象，这些数据均来自 RESSET 金融研究数据库。评价指标为：每股收益、每股净资产、净资产收益率和主营业务利润率。

为了更好地解决问题不受数据单位影响，在聚类分析之前需要将原始数据标准化，转换为无量纲的数值，标准化公式为

$$x_{ij} = \frac{(x_{ij} - \hat{x}_j)}{S_j} \tag{4.12}$$

$$\hat{x}_j = \frac{1}{n}\sum_{i=1}^{n} x_{ij} \tag{4.13}$$

$$S_j = \sqrt{\frac{1}{n}\sum_{i=1}^{n} (x_{ij} - \hat{x}_j)^2} \tag{4.14}$$

其中，$x_{ij}$ 中的 $i$ 是指上市公司的数量；$j$ 指上市公司的评价指标；$x_{ij}$ 表示标准化后的数据；$\hat{x}_j$ 表示指标 $j$ 的均值；$S_j$ 表示指标 $j$ 的方差。

### 4.1.4　聚类评价指标及实验对比

本章在众多聚类评价指标中选取对聚类结构有良好评价能力的 Sil 指标[7]为聚类质量评价标准，并通过 Sil 指标选出 CVAP 算法的最优聚类结果。设一个样本容量为 $N$ 的数据集被分为 $k$ 类 $C_i(i=1, 2, \cdots, k)$，$a(t)$ 表示类 $C_j$ 中的样本 $t$ 与 $C_j$ 内其他样本的平均距离或不相似度，$d(t, C_i)$ 表示 $C_j$ 中的样本 $t$ 到另一个类 $C_i$ 中所有样本的平均距离或不相似度，$b(t) = \min\{d(t, C_i)\}$，其中 $i=1, 2, \cdots, k$ 且 $i \neq j$，则样本 $t$ 的 Sil 指标计算公式为

$$\text{Sil} = \frac{b(t) - a(t)}{\max\{a(t), b(t)\}} \tag{4.15}$$

一个数据集中所有样本的平均 Sil 指标不仅能够反映聚类结构的类内紧凑性并且也能很好地反映类间可分性，Sil 指标越大说明聚类质量越好。通过程序模拟反复筛选参数 $\varphi=3$，实验结果如图 4.1 所示。

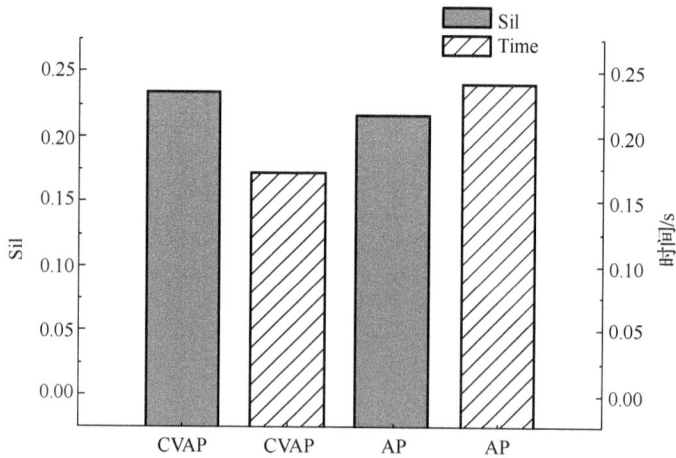

图 4.1　实验结果对比图

从图 4.1 中我们可以看出，CVAP 算法的有效性评价指标值要高于 AP 聚类算法。算法运行时间上，CVAP 算法运行时间短于 AP 聚类算法，其运行效率优势更加明显。因此，本章将 CVAP 算法对上市公司的聚类结果作为这 100 家 A 股上市公司绩效评价依据，聚类结果如表 4.1 所示。表 4.2 给出的是 CVAP 算法所得 5 类上市公司各项指标平均值。其中，5 类上市公司的平均每股收益从第一类到第五类依次递减，第五类平均每股收益出现负数。

表 4.1　聚类结果表

| 类别 | 上市公司股票代码 | | | | |
|---|---|---|---|---|---|
| 第一类 | 000002 | 000022 | 000024 | 000028 | 000039 |
| | 000042 | 000065 | 000157 | 000338 | 000400 |
| | 000402 | 000422 | 000423 | 000425 | 000501 |
| | 000513 | 000527 | | | |
| 第二类 | 000011 | 000032 | 000040 | 000049 | 000062 |
| | 000069 | 000404 | 000413 | 000417 | 000522 |
| 第三类 | 000009 | 000012 | 000014 | 000019 | 000026 |
| | 000027 | 000029 | 000031 | 000043 | 000046 |
| | 000070 | 000089 | 000090 | 000099 | 000159 |
| | 000301 | 000401 | 000411 | 000418 | 000419 |
| | 000426 | 000488 | 000507 | 000521 | 000525 |
| | 000528 | 000530 | | | |
| 第四类 | 000004 | 000005 | 000010 | 000033 | 000036 |
| | 000088 | 000153 | 000155 | 000428 | 000502 |
| | 000503 | 000504 | 000518 | 000524 | |
| 第五类 | 000016 | 000018 | 000020 | 000021 | 000023 |
| | 000025 | 000037 | 000045 | 000050 | 000055 |

| 类别 | 上市公司股票代码 | | | | |
|---|---|---|---|---|---|
| | 000058 | 000059 | 000060 | 000063 | 000066 |
| | 000078 | 000096 | 000100 | 000150 | 000151 |
| 第五类 | 000158 | 000407 | 000410 | 000416 | 000420 |
| | 000421 | 000510 | 000511 | 000514 | 000519 |
| | 000523 | 000529 | | | |

表 4.2　CVAP 算法所得 5 类上市公司各项指标均值表

| 类别 | 平均每股收益/元 | 平均每股净资产/元 | 平均净资产收益率/% | 平均主营业务利润率/% |
|---|---|---|---|---|
| 第一类 | 1.1636 | 7.6300 | 16.9874 | 0.2693 |
| 第二类 | 0.5767 | 2.6791 | 25.0225 | 0.2958 |
| 第三类 | 0.2796 | 4.2139 | 7.4348 | 0.2228 |
| 第四类 | 0.0402 | 1.4683 | 1.7188 | 0.4704 |
| 第五类 | −0.0010 | 2.4042 | 1.2075 | 0.0966 |

## 4.1.5　聚类结果分析

第一类与第五类上市公司具体数据，如表 4.3 和表 4.4 所示。

表 4.3　第一类上市公司具体数据表

| 公司全称 | 股票代码 | 每股收益/元 | 每股净资产/元 | 净资产收益率/% | 主营业务利润率/% |
|---|---|---|---|---|---|
| 深赤湾 | 000022 | 0.724 | 5.7045 | 13.0735 | 0.4347 |
| 万科企业股份有限公司 | 000002 | 1.14 | 5.8 | 16.7382 | 0 |
| 招商局地产控股股份有限公司 | 000024 | 1.9323 | 13.62 | 15.1478 | 0.2725 |
| 国药集团一致药业股份有限公司 | 000028 | 1.65 | 6.163 | 30.4406 | 0.0779 |
| 中国国际海运集装箱（集团）股份有限公司 | 000039 | 0.73 | 7.33 | 10.1665 | 0.1811 |
| 深圳市长城投资控股股份有限公司 | 000042 | 1.72 | 12.1147 | 15.1746 | 0.214 |
| 北方国际合作股份有限公司 | 000065 | 0.74 | 4.025 | 19.9902 | 0.0564 |
| 中联重科股份有限公司 | 000157 | 0.95 | 5.29 | 19.2267 | 0.2213 |
| 潍柴动力股份有限公司 | 000338 | 1.5 | 12.44 | 12.5218 | 0.2034 |
| 许继电气股份有限公司 | 000400 | 0.88 | 7.41 | 12.4635 | 0.2599 |
| 金融街控股股份有限公司 | 000402 | 0.75 | 6.539 | 11.9725 | 0.1876 |
| 湖北宜化化工股份有限公司 | 000422 | 0.965 | 6.843 | 15.223 | 0.2017 |
| 山东东阿阿胶股份有限公司 | 000423 | 1.5905 | 6.493 | 27.123 | 0.7542 |
| 徐工集团工程机械股份有限公司 | 000425 | 1.2 | 8.451 | 15.1423 | 0.2351 |
| 武汉武商集团股份有限公司 | 000501 | 0.79 | 4.7917 | 18.0024 | 0.1924 |
| 丽珠医药集团股份有限公司 | 000513 | 1.49 | 10.17 | 15.0968 | 0.5755 |
| 广东美的电器股份有限公司 | 000527 | 1.03 | 6.5198 | 16.5273 | 0.2513 |

表 4.4　第五类上市公司具体数据表

| 公司全称 | 股票代码 | 每股收益/元 | 每股净资产/元 | 净资产收益率/% | 主营业务利润率/% |
|---|---|---|---|---|---|
| 康佳集团股份有限公司 | 000016 | 0.0381 | 3.36 | 1.1381 | 0.184 |
| 深圳中冠纺织印染股份有限公司 | 000018 | −0.0015 | 0.703 | −0.2079 | 0.278 |
| 深圳中恒华发股份有限公司 | 000020 | 0.0115 | 0.9895 | 1.1638 | 0.1094 |
| 深圳长城开发科技股份有限公司 | 000021 | 0.0709 | 3.0158 | 2.3283 | 0.0422 |
| 深圳市天地（集团）股份有限公司 | 000023 | 0.0373 | 2.4471 | 1.5522 | 0.0989 |

续表

| 公司全称 | 股票代码 | 每股收益/元 | 每股净资产/元 | 净资产收益率/% | 主营业务利润率/% |
|---|---|---|---|---|---|
| 深圳市特力（集团）股份有限公司 | 000025 | 0.0324 | 0.8384 | 3.9478 | 0.2731 |
| 深圳南山热电股份有限公司 | 000037 | −0.34 | 2.5697 | −12.3827 | −0.5622 |
| 深圳市纺织（集团）股份有限公司 | 000045 | −0.24 | 3.872 | −6.0606 | 0.0089 |
| 天马微电子股份有限公司 | 000050 | 0.0948 | 2.39 | 4.0429 | 0.1504 |
| 方大集团股份有限公司 | 000055 | 0.03 | 1.45 | 2.2968 | 0.1492 |
| 深圳赛格股份有限公司 | 000058 | 0.0581 | 1.524 | 3.8825 | 0.113 |
| 辽宁华锦通达化工股份有限公司 | 000059 | 0.0163 | 6.1001 | 0.2651 | 0.0898 |
| 深圳市中金岭南有色金属股份有限公司 | 000060 | 0.21 | 2.7219 | 7.9315 | 0.0826 |
| 中兴通讯股份有限公司 | 000063 | −0.83 | 6.251 | −12.4238 | 0.2188 |
| 中国长城计算机深圳股份有限公司 | 000066 | −0.181 | 2.132 | −8.023 | 0.0848 |
| 深圳市海王生物工程股份有限公司 | 000078 | 0.0905 | 1.29 | 7.2248 | 0.139 |
| 深圳市广聚能源股份有限公司 | 000096 | 0.04 | 3.4098 | 1.1184 | 0.0698 |
| TCL集团股份有限公司 | 000100 | 0.0939 | 1.3858 | 6.9069 | 0.1725 |
| 宜华地产股份有限公司 | 000150 | 0.01 | 2.17 | 0.3313 | 0.1075 |
| 中成进出口股份有限公司 | 000151 | 0.148 | 3.038 | 4.9898 | 0.1344 |
| 石家庄常山纺织股份有限公司 | 000158 | 0.02 | 3.38 | 0.486 | 0.0326 |
| 山东胜利股份有限公司 | 000407 | −0.22 | 1.6848 | −12.0525 | 0.0743 |
| 沈阳机床股份有限公司 | 000410 | 0.04 | 2.85 | 1.4985 | 0.2573 |
| 民生投资管理股份有限公司 | 000416 | 0.1104 | 1.52 | 7.5239 | 0.1813 |
| 吉林化纤股份有限公司 | 000420 | 0.0262 | 1.36 | 1.9304 | 0.0252 |
| 南京中北（集团）股份有限公司 | 000421 | 0.2661 | 2.497 | 11.0439 | −0.0621 |
| 四川金路集团股份有限公司 | 000510 | 0.0263 | 1.74 | 1.5282 | 0.0163 |
| 沈阳银基发展股份有限公司 | 000511 | 0.04 | 1.404 | 2.6542 | 0.0637 |
| 重庆渝开发股份有限公司 | 000514 | 0.077 | 3.32 | 2.3413 | 0.2222 |
| 湖南江南红箭股份有限公司 | 000519 | 0.0298 | 1.81 | 1.6649 | 0.1751 |
| 广州市浪奇实业股份有限公司 | 000523 | 0.052 | 2.292 | 2.3212 | 0.0726 |
| 广东广弘控股份有限公司 | 000529 | 0.11 | 1.42 | 7.6767 | 0.0875 |

　　第一类上市公司是万科企业股份有限公司（000002）、国药集团一致药业股份有限公司（000028）、山东东阿阿胶股份有限公司（000423）、广东美的电器股份有限公司（000527）等17家上市公司，其中15家上市公司资产收益率连续三年达到10%以上。通过表4.2可以发现，第一类上市公司的平均每股收益和平均每股净资产都为最高值，平均净资产收益率位居第二，平均主营业务利润率位居第三。因而说明该类上市公司在经营实力和经营规模等方面都具有一定优势，业绩优良并且有较强的竞争优势，综合财务状况较佳，属于绩优股。例如，万科企业股份有限公司（000002），每股收益由2011年的0.88元增长到2012年的1.14元，同比增长29.55%，净资产收益率由2011年的19.804%增长到2012年的21.493%，同比增长8.53%。国药集团一致药业股份有限公司（000028）每股收益由2011年的1.15元增长到2012年的1.65元，同比增长43.48%，净资产收益率由2011年的27.496%增长到2012年的30.4406%，同比增长10.72%。所以，第一类上市公司经营业绩不俗，具有较好的投资前景。从表4.2可以看出，第五类上市公司只有平均每股净资产排在第四位，其余平均每股收益、平均净资产收益和平均主营业务利润率都处于末位。2012年的净资产收益率有21家低于2011年，这21家上市公司中又有10家的净资产收益率出现了连续两

年下降。例如，深圳南山热电股份有限公司（000037），净资产收益率由 2011 年的 1.005%下降到 2012 年的–12.383%，同比下降 1332.14%，每股收益由 2011 年的 0.03 元下降到 2012 年的–0.34 元，同比下降 1233.33%。中兴通讯股份有限公司（000063），净资产收益率由 2011 年的 8.706%下降到 2012 年的–12.424%，同比下降 242.71%，每股收益由 2011 年的 0.61 元下降到 2012 年的–0.83 元，同比下降 236.07%。可以看出第五类上市公司的各方面经营情况与第一类相比有一定距离，投资者应多加观望，谨慎介入。从该年在证券之星上市公司近三个月研究报告中获知：第五类 32 家上市公司中有 24 家均未给予买入或增持评级，而第一类 17 家上市公司中有 14 家给予买入评级，16 家给予增持评级，均未给出减持评级和卖出评级。以上分析说明本章提出的 CVAP 聚类算法用于上市公司绩效评价所得结果与实际情况相符。

## 4.2　基于智能赋权的吸引子传播聚类算法的上市公司绩效评价

AP 聚类算法中数据点的相似度是通过两点间负欧氏距离来度量的，这种度量方法涉及样本所有特征，并认为每个特征对聚类结果产生均等影响。但在处理特征较多、信息重叠的样本时，聚类结果往往产生较大误差。鉴于果蝇优化算法具有简单易实现、耗时少、收敛能力强，且有一定自适应能力和较强的鲁棒性等优点，本章采用果蝇优化算法优化样本特征权值，提出了一种智能赋权的 AP 聚类算法。

### 4.2.1　智能赋权的吸引子传播聚类算法数学模型

假设数据集合 $D$ 的聚类标记为 $c=\{c_1,c_2,\cdots,c_n\}$，AP 聚类算法可以看成搜索能量函数最小值的方法[8]，能量函数为

$$E(c)=-\sum_{i=1}^{N}S(i,c_i) \tag{4.16}$$

本章将样本特征权值 $\{\omega_1,\omega_2,\omega_3,\cdots,\omega_n\}$ 作为果蝇个体味道浓度判定值，即

$$\omega_i=\frac{1}{\sqrt{X_i^2+Y_i^2}} \tag{4.17}$$

AP 聚类算法的相似度计算公式为

$$s(i,k)=-\sqrt{\sum_{d=1}^{T}\omega_d\cdot(x_i^d-x_k^d)^2} \tag{4.18}$$

果蝇优化算法适应度函数为

$$\text{Function}(\cdot)=\min\left\{-\sum_{i=1}^{N}S(i,c_i)\right\} \tag{4.19}$$

更新矩阵 $A$ 与矩阵 $R$，即

$$r(i,k) = s(i,k) - \max_{k's.t.k'\neq k}\left\{a(i,k') + s(i,k')\right\} \tag{4.20}$$

$$a(i,k) = \begin{cases} \min\left\{0, r(k,k) + \sum_{i's.t.i'\notin\{i,k\}}\max\{0, r(i',k)\}\right\}, & i \neq k \\ \sum_{i's.t.i'\neq k}\max\{0, r(i',k)\}, & i = k \end{cases} \tag{4.21}$$

$$r(i,k)^{(t+1)} = \lambda \cdot r(i,k)^{(t)} + (1-\lambda)\cdot r(i,k)^{(t-1)} \tag{4.22}$$

$$a(i,k)^{(t+1)} = \lambda \cdot a(i,k)^{(t)} + (1-\lambda)\cdot a(i,k)^{(t-1)} \tag{4.23}$$

### 4.2.2 智能赋权的吸引子传播聚类算法流程图

本章通过利用果蝇优化算法，搜寻样本特征权重的全局最优值，有效地克服了传统赋权方法容易陷入局部最优的缺陷，同时也改善了样本特征较多、信息重叠等因素所导致的聚类结果差的不足。智能赋权的 AP 聚类算法流程图如图 4.2 所示。

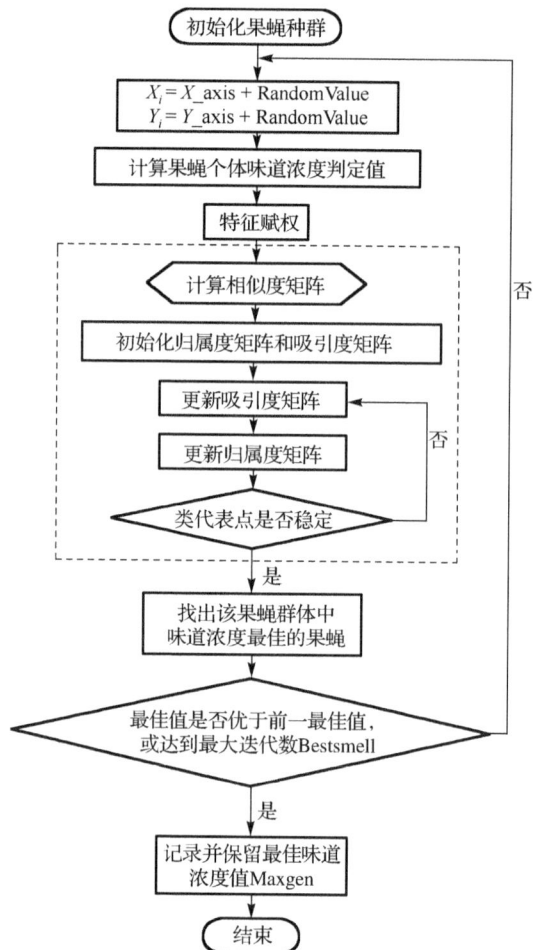

图 4.2 智能赋权的 AP 聚类算法流程图

## 4.2.3　实验模拟结果

本章选取了 100 家 A 股上市公司 2012 年报财务数据作为研究对象，数据均来自 RESSET 金融研究数据库。上市公司绩效评价具体指标为：每股收益、每股净资产、净资产收益率和主营业务利润率。聚类分析之前需要将原始数据标准化，转换为无量纲的数值。

实验参数为：种群规模 Sizepop=10，最大迭代次数 Maxgen=100，搜索距离 RandomValue∈[−1, +1]。智能赋权的 AP 聚类算法能量函数 $E(c)$ 的数值变化如图 4.3 所示。

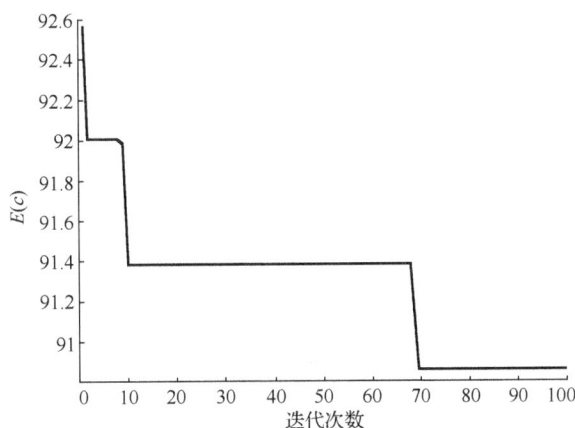

图 4.3　$E(c)$ 的数值变化图

从图 4.3 中我们可以看出 $E(c)$ 的数值在果蝇优化算法迭代 100 次过程中呈明显下降趋势，最后达到稳定值。$E(c)$ 的稳定值为 90.8576，而传统的 AP 聚类算法的 $E(c)$ 为 100.554。这就说明通过果蝇优化算法对特征权值进行优化后，所得到的聚类结果中每类样本更加紧凑，通过果蝇优化算法智能赋权，可以全局检索最优值，避免陷入局部最优解。因此证明，智能赋权的 AP 聚类算法的聚类结果优于传统的 AP 聚类算法聚类结果。

## 4.2.4　聚类结果分析

本章通过智能赋权的 AP 聚类算法对 100 家 A 股上市公司 2012 年报财务数据进行聚类，聚类结果如表 4.5 所示。

表 4.5　IWAP 算法聚类结果表

| 类别 | 上市公司股票代码 | | | | |
|---|---|---|---|---|---|
| 第一类 | 000002 | 000024 | 000028 | 000039 | 000042 |
| | 000157 | 000338 | 000400 | 000402 | 000422 |
| | 000423 | 000425 | 000513 | 000527 | |
| 第二类 | 000011 | 000022 | 000032 | 000040 | 000043 |
| | 000049 | 000062 | 000065 | 000069 | 000404 |
| | 000413 | 000417 | 000501 | 000522 | |

续表

| 类别 | 上市公司股票代码 | | | | |
|------|------|------|------|------|------|
| 第三类 | 000009 | 000012 | 000014 | 000019 | 000026 |
| | 000027 | 000031 | 000059 | 000070 | 000089 |
| | 000090 | 000099 | 000159 | 000401 | 000418 |
| | 000419 | 000426 | 000488 | 000507 | 000521 |
| | 000525 | 000528 | 000530 | | |
| 第四类 | 000004 | 000005 | 000010 | 000033 | 000036 |
| | 000046 | 000088 | 000153 | 000428 | 000502 |
| | 000503 | 000504 | 000518 | 000524 | |
| 第五类 | 000016 | 000018 | 000020 | 000021 | 000023 |
| | 000025 | 000029 | 000037 | 000045 | 000050 |
| | 000055 | 000058 | 000060 | 000063 | 000066 |
| | 000078 | 000096 | 000100 | 000150 | 000151 |
| | 000155 | 000158 | 000301 | 000407 | 000410 |
| | 000411 | 000416 | 000420 | 000421 | 000510 |
| | 000511 | 000514 | 000519 | 000523 | 000529 |

为了说明提出的新上市公司绩效评价模型具有可行性和实用性，本章将获得的 5 类上市公司的每股收益通过图示进行对比说明，如图 4.4 所示。从图中可以发现，第一类上市公司的每股收益处于 5 类中的最高水平，例如，万科企业股份有限公司（000002），每股收益由 2011 年的 0.88 元增长到 2012 年的 1.14 元，同比增长 29.55%，国药集团一致药业股份有限公司（000028）每股收益由 2011 年的 1.15 元增长到 2012 年的 1.65 元，同比增长 43.48%。第一类上市公司具有较好的投资前景，投资者可以优先考虑，而第五类上市公司每股收益基本处于最低水平，并且第五类中的一些上市公司每股收益为负值。例如，深圳南山热电股份有限公司（000037），每股收益由 2011 年的 0.03 元下降到 2012 年的 -0.34 元，同比下降 1233.33%。中兴通讯股份有限公司（000063），每股收益由 2011 年的 0.61 元下降到 2012 年的 -0.83 元，同比下降 236.07%。第五类上市公司的各方面指标与第一类上市公司还存在一定差距，投资者应多加观望。

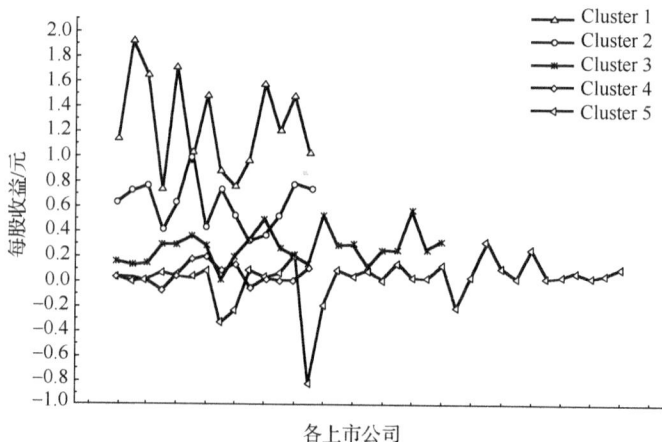

图 4.4　每股收益对比图

## 4.3　基于距离贴近度的吸引子传播聚类算法及其应用

在获取样本时，往往会获取一些奇异样本数据。所谓奇异样本数据就是指相对某一个或某几个指标值，其他的某一个或某几个指标值特别大或者特别小的样本数据。对这些奇异样本数据进行数据分析时，量纲的不同会影响数据分析结果，为了消除指标之间的量纲影响，使数据分析具有意义，需要数据特征归一化，使各种指标处在同一数量级。

在吸引子传播聚类算法中，相似度矩阵的选择影响聚类效果的优劣。传统的 AP 聚类算法是以欧氏距离为相似度矩阵的，所以在对奇异样本数据进行聚类时会无法正确地反映奇异样本数据之间的相似性，从而导致聚类准则失效、聚类算法失败。因此，基于距离贴近度的吸引子传播聚类算法是主要针对奇异样本数据提出的。

### 4.3.1　贴近度法

在布谷鸟算法中，对于宿主鸟，如果发现不是自己的蛋，会有两种选择：一是可能将外来蛋推出巢外，二是可能放弃自己的巢另新建一个繁殖后代。对于一组数据 $X_1, X_2, \cdots, X_n$，为了防止大值属性左右样本间的距离，将其特征归一化，使得 $x_{ik} \in [0,1](k = 1, 2, \cdots, m)$，则 $X_i, X_j$ 的相似程度取为其贴近度[9]。距离贴近度为

$$r_{ij} = 1 - c\left(d(X_i, X_j)\right)^a \qquad (4.24)$$

其中，$c, a$ 是适当的选择的参数值；$d(X_i, X_j)$ 为各种距离，可以取闵可夫斯基距离，即

$$d(X_i, X_j) = \left(\sum_{k=1}^{t} |x_{ik} - x_{ik}|^P\right)^{\frac{1}{P}} \qquad (4.25)$$

当 $P = 1$ 时为汉明距离，$P = 2$ 时为欧氏距离。

### 4.3.2　基于距离贴近度的吸引子传播聚类算法流程

基于距离贴近度的 AP 聚类算法具体步骤如下。

（1）对数据的特征归一化，使得 $x_{ik} \in [0,1](k = 1, 2, \cdots, m)$，其特征归一化公式为

$$x'_{ik} = \frac{x_{ik} - \min\{x_{jk}, j = 1, 2, \cdots, n\}}{\max\{x_{jk}, j = 1, 2, \cdots, n\} - \min\{x_{jk}, j = 1, 2, \cdots, n\}} \qquad (4.26)$$

（2）初始化 $a(i, k) = 0$，根据式（4.24）和式（4.25），$P = 1$，$c = 1/n$ 求相似度矩阵 $S$，并根据式（4.27）初始 $P$ 值，即

$$P = \frac{a \cdot \displaystyle\sum_{i, j = 1; i \neq j}^{N} s(i, j)}{N(N - 1)} \qquad (4.27)$$

其中，$\alpha$ 为权系数。

（3）根据如下公式对 $r(i,k)$ 与 $a(i,k)$ 两个信息量更新迭代；

$$r(i,k) \leftarrow s(i,k) - \max_{k'.s.t.k'\neq k}\{a(i,k') + s(i,k')\} \tag{4.28}$$

$$a(i,k) \leftarrow \begin{cases} \min\left\{0, r(k,k) + \displaystyle\sum_{i'.s.t.i'\notin\{i,k\}}\max\{0, r(i',k)\right\}, & i \neq k \\ \displaystyle\sum_{i'.s.t.i'\neq k}\max\{0, r(i',k)\}, & i = k \end{cases} \tag{4.29}$$

$$r^{(t+1)}(i,k) \leftarrow (1-\lambda)r^{(t+1)}(i,k) + \lambda r^{(t)}(i,k) \tag{4.30}$$

$$a^{(t+1)}(i,k) \leftarrow (1-\lambda)a^{(t+1)}(i,k) + \lambda a^{(t)}(i,k) \tag{4.31}$$

（4）根据式（4.32）得到类代表点；

$$\arg\max_k\big(a(i,k) + r(i,k)\big) \tag{4.32}$$

（5）若算法的结果不发生变化或者达到预定最大迭代次数，则停止；否则返回步骤（3）继续更新迭代。

基于距离贴近度的 AP 聚类算法流程，如图 4.5 所示。

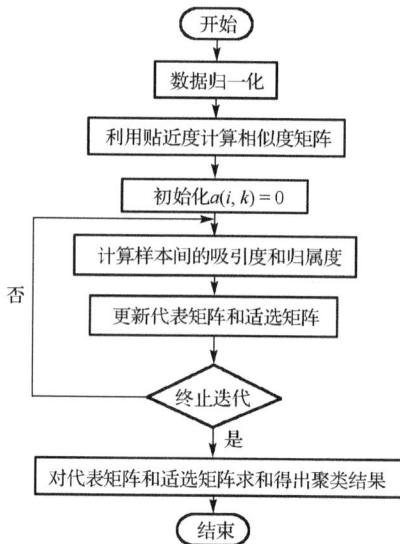

图 4.5　基于距离贴近度的 AP 聚类算法流程图

## 4.3.3　实验模拟与结果分析

为了验证本章提出的基于距离贴近度的 AP 聚类算法的有效性，本节实验选取 UCI 数据集中的 Wine 数据集、Pima 数据集和 Wholesale customes 数据集，其数据特征如表 4.6 所示。通过程序模拟反复筛选参数 $\varphi$，对 UCI 数据集中的 Wine 数据集、Pima 数据集和 Wholesale customes 数据集进行聚类，参数 $\varphi$ 如表 4.7 所示，实验结果如图 4.6 所示，聚类结果对比如表 4.8 所示。

表 4.6　三个数据集的数据特征

| 数据集 | 数据特征 | | |
|---|---|---|---|
| | 实例 | 维数 | 类数 |
| Wine | 178 | 13 | 3 |
| Pima | 768 | 8 | 2 |
| Wholesale customes | 440 | 8 | 2 |

表 4.7　最佳聚类时的权系数

| 数据集 | 权系数 | |
|---|---|---|
| | AP | CM-AP |
| Pima | 48 | 37 |
| Wine | 13 | 10 |
| Wholesale customes | 21 | 51 |

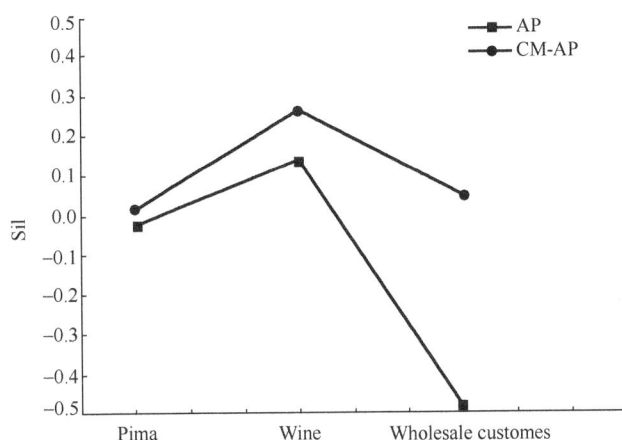

图 4.6　三个数据集的 Sil 指标对比

表 4.8　AP 聚类算法和 CM-AP 算法聚类结果对比

| 数据集 | 实际聚类数 | 最佳聚类数 | |
|---|---|---|---|
| | | AP | CM-AP |
| Pima | 2 | 2 | 2 |
| Wine | 3 | 3 | 3 |
| Wholesale customes | 2 | 6 | 2 |

Sil 指标反映一个聚类结构的类内紧凑性和类间可分性，Sil 指标越大说明聚类质量越好。从图 4.6 可以看出，基于距离贴近度的 AP 聚类算法比 AP 聚类算法聚类精度高。Pima 数据集在传统的 AP 聚类算法中，通过程序模拟反复筛选参数 $\varphi$，Sil 指标都小于 0，而在基于距离贴近度的 AP 聚类算法中，通过程序模拟反复筛选参数 $\varphi$，Sil 指标明显提高，则聚类精度也高；Wine 数据集在传统的 AP 聚类算法中，通过程序模拟反复筛选参数 $\varphi$，Sil 指标都小于 0.15，而在基于距离贴近度的 AP 聚类算法中，通过程序模拟反复筛选参数 $\varphi$，Sil 指标提高将近两倍，其聚类精度大于先前方法；Wholesale customes 数据集在传统的 AP 聚类算法中，

通过程序模拟反复筛选参数 $\varphi$，Sil 指标最大都小于 $-0.4$，而在基于距离贴近度的 AP 聚类算法中，通过程序模拟反复筛选参数 $\varphi$，Sil 指标明显提高，则聚类精度远远大于传统的聚类算法。这充分说明基于距离贴近度的 AP 聚类算法在处理奇异样本数据时，能够明显地提高 Sil 指标。

从表 4.8 可以看出，通过程序模拟反复筛选参数 $\varphi$，使得 Sil 指标达到最佳时，传统的 AP 聚类算法有的无法达到实际类数，而基于距离贴近度的 AP 聚类算法都可以达到最佳类数。综上说明，改进的算法在处理奇异样本数据时，能够明显地提高聚类性能。

### 4.3.4 上市公司经济绩效评价

通过 UCI 数据集已验证 CM-AP 聚类算法的有效性，现将其用于符合奇异样本数据特点的上市公司进行经济绩效评价。对所选取的 80 家上市公司的每股收益、每股净资产、净资产收益率及净利润四项反映上市公司综合盈利能力的财务指标作为主要研究对象，试图将股票进行分类，从而选出绩优股和劣质股，为股票选取提供参考依据[10-12]，其数据如表 4.9 所示。

表 4.9　80 家上市公司的第一季度财务信息

| 股票代码 | 最新公司全称 | 每股收益/元 | 每股净资产/元 | 净利润/元 | 净资产收益率/% |
|---|---|---|---|---|---|
| 000012 | 中国南玻集团股份有限公司 | 0.06 | 3.941 | 133187083 | 1.5043 |
| 000039 | 中国国际海运集装箱股份有限公司 | 0.05 | 7.832 | 204638000 | 0.6133 |
| 000157 | 中联重科股份有限公司 | 0.05 | 5.4549 | 403976098.1 | 0.9416 |
| 000401 | 唐山冀东水泥股份有限公司 | −0.32 | 8.51 | −537025156.4 | −3.7173 |
| 000423 | 山东东阿阿胶股份有限公司 | 0.65 | 8.3018 | 427538323.6 | 7.8675 |
| 000425 | 徐工集团工程机械股份有限公司 | 0.2 | 9.5737 | 427216446.1 | 2.0863 |
| 000528 | 广西柳工机械股份有限公司 | 0.11 | 8.42 | 123689073.3 | 1.3222 |
| 000536 | 华映科技（集团）股份有限公司 | 0.14 | 3.6776 | 136945215.7 | 3.7397 |
| 000538 | 云南白药集团股份有限公司 | 0.73 | 13.732 | 504680750.5 | 5.2858 |
| 000550 | 江铃汽车股份有限公司 | 0.69 | 11.324 | 598646638.1 | 6.1239 |
| 000568 | 泸州老窖股份有限公司 | 0.35 | 7.89 | 525662262.5 | 4.4565 |
| 000581 | 无锡威孚高科技集团股份有限公司 | 0.42 | 9.8083 | 442770827.5 | 4.2799 |
| 000596 | 安徽古井贡酒股份有限公司 | 0.57 | 8.0049 | 286719709.1 | 7.1124 |
| 000625 | 重庆长安汽车股份有限公司 | 0.42 | 4.4442 | 1964057868 | 9.5193 |
| 000639 | 西王食品股份有限公司 | 0.14 | 6.2935 | 26939977.55 | 2.273 |
| 000651 | 珠海格力电器股份有限公司 | 0.75 | 12.22 | 2275183242 | 6.1348 |
| 000655 | 山东金岭矿业股份有限公司 | 0.05 | 5.1055 | 29840585.23 | 0.8917 |
| 000671 | 阳光城集团股份有限公司 | 0.13 | 3.2735 | 107840768.4 | 4.0594 |
| 000680 | 山推工程机械股份有限公司 | 0.03 | 3.45 | 30782047.2 | 0.9022 |
| 000708 | 大冶特殊钢股份有限公司 | 0.1 | 7.09 | 45330240 | 1.4234 |
| 000778 | 新兴铸管股份有限公司 | 0.1 | 6.6472 | 238629740 | 1.5742 |
| 000800 | 一汽轿车股份有限公司 | 0.16 | 5.45 | 213762614.2 | 2.9907 |
| 000848 | 河北承德露露股份有限公司 | 0.6 | 3.114 | 244981482.9 | 19.1444 |
| 000858 | 宜宾五粮液股份有限公司 | 0.69 | 10.198 | 2735548586 | 6.7657 |
| 000869 | 烟台张裕葡萄酿酒股份有限公司 | 0.67 | 9.7245 | 457522651 | 6.8637 |
| 000877 | 新疆天山水泥股份有限公司 | −0.17 | 7.4124 | −188391441.1 | −2.3186 |

续表

| 股票代码 | 最新公司全称 | 每股收益/元 | 每股净资产/元 | 净利润/元 | 净资产收益率/% |
|---|---|---|---|---|---|
| 000880 | 潍柴重机股份有限公司 | 0.06 | 4.43 | 17619622.55 | 1.4395 |
| 000895 | 河南双汇投资发展股份有限公司 | 0.49 | 5.585 | 1122616085 | 8.7679 |
| 000933 | 河南神火煤电股份有限公司 | −0.1 | 3.9217 | −207364825.3 | −2.4511 |
| 000979 | 中弘控股股份有限公司 | 0.01 | 1.2458 | 10009683.3 | 0.6293 |
| 000983 | 山西西山煤电股份有限公司 | 0.08 | 5.19 | 274277239.1 | 1.4469 |
| 002024 | 苏宁云商集团股份有限公司 | −0.06 | 3.785 | −451212000 | −1.5515 |
| 002041 | 山东登海种业股份有限公司 | 0.3 | 5.0005 | 149515534.3 | 5.9534 |
| 002050 | 浙江三花股份有限公司 | 0.15 | 5.398 | 91527009.38 | 2.8501 |
| 002063 | 远光软件股份有限公司 | 0.06 | 3.6268 | 23589754.47 | 1.5441 |
| 002081 | 苏州金螳螂建筑装饰股份有限公司 | 0.34 | 5.056 | 402843670.9 | 6.6783 |
| 600000 | 上海浦东发展银行股份有限公司 | 0.57 | 11.617 | 10808000000 | 4.9423 |
| 600028 | 中国石油化工股份有限公司 | 0.12 | 5.017 | 14482000000 | 2.3029 |
| 600030 | 中信证券股份有限公司 | 0.12 | 8.01 | 1428072408 | 1.484 |
| 600031 | 三一重工股份有限公司 | 0.11 | 3.24 | 855188000 | 3.3474 |
| 600036 | 招商银行股份有限公司 | 0.59 | 11.23 | 14967000000 | 5.2747 |
| 600066 | 郑州宇通客车股份有限公司 | 0.22 | 7.0969 | 283700176.4 | 3.1318 |
| 600104 | 上海汽车集团股份有限公司 | 0.63 | 13.0764 | 10144280415 | 4.8415 |
| 600111 | 内蒙古包钢稀土高科技股份有限公司 | 0.03 | 3.26 | 15543576.88 | 0.8793 |
| 600115 | 中国东方航空股份有限公司 | −0.02 | 1.925 | −243000000 | −0.8402 |
| 600160 | 浙江巨化股份有限公司 | 0 | 4.1205 | 326134.9 | 0.0264 |
| 600188 | 兖州煤业股份有限公司 | 0.05 | 8.2282 | 177499000 | 0.6544 |
| 600216 | 浙江医药股份有限公司 | 0.1 | 6.994 | 93145754.33 | 1.4265 |
| 600271 | 航天信息股份有限公司 | 0.3 | 6.91 | 374649748.1 | 4.3138 |
| 600276 | 江苏恒瑞医药股份有限公司 | 0.29 | 4.9607 | 399810799.4 | 5.785 |
| 600348 | 阳泉煤业（集团）股份有限公司 | 0.05 | 5.5 | 104974192.4 | 0.931 |
| 600362 | 江西铜业股份有限公司 | 0.1 | 12.971 | 350590100 | 0.7734 |
| 600369 | 西南证券股份有限公司 | 0.1 | 5.3132 | 275628525.1 | 1.8154 |
| 600375 | 华菱星马汽车（集团）股份有限公司 | 0.09 | 7.4772 | 45658989.75 | 1.1429 |
| 600395 | 贵州盘江精煤股份有限公司 | 0.06 | 4.444 | 62326576.94 | 1.369 |
| 600418 | 安徽江淮汽车股份有限公司 | 0.2 | 5.474 | 264052316.4 | 3.7022 |
| 600489 | 中金黄金股份有限公司 | 0.04 | 3.4357 | 178665893.5 | 1.2898 |
| 600508 | 上海大屯能源股份有限公司 | 0.04 | 11.08 | 26350695.88 | 0.4033 |
| 600519 | 贵州茅台酒股份有限公司 | 3.56 | 44.585 | 3952933461 | 7.9922 |
| 600547 | 山东黄金矿业股份有限公司 | 0.07 | 6.0151 | 94436653.68 | 1.0873 |
| 600563 | 厦门法拉电子股份有限公司 | 0.32 | 7.4902 | 74856052.77 | 4.2185 |
| 600585 | 安徽海螺水泥股份有限公司 | 0.47 | 11.075 | 2588863136 | 4.2144 |
| 600600 | 青岛啤酒股份有限公司 | 0.43 | 10.81 | 581403674 | 4.0101 |
| 600690 | 青岛海尔股份有限公司 | 0.32 | 5.8788 | 1179604726 | 5.4233 |
| 600741 | 华域汽车系统股份有限公司 | 0.44 | 7.62 | 1588661682 | 5.7153 |
| 600750 | 江中药业股份有限公司 | 0.17 | 6.6787 | 53711078.01 | 2.5855 |
| 600763 | 通策医疗投资股份有限公司 | 0.16 | 3.3951 | 25999826.74 | 4.5703 |
| 600794 | 张家港保税科技股份有限公司 | 0.06 | 2.06 | 28037539.61 | 2.711 |
| 600809 | 山西杏花村汾酒厂股份有限公司 | 0.4 | 4.8211 | 351838150.2 | 8.2012 |

续表

| 股票代码 | 最新公司全称 | 每股收益/元 | 每股净资产/元 | 净利润/元 | 净资产收益率/% |
|---|---|---|---|---|---|
| 600871 | 中国石化仪征化纤股份有限公司 | −0.05 | 1.128 | −327861000 | −4.8437 |
| 600873 | 梅花生物科技集团股份有限公司 | 0.02 | 2.6067 | 75105641.06 | 0.927 |
| 600880 | 成都博瑞传播股份有限公司 | 0.08 | 3.1411 | 104855782 | 2.6413 |
| 600970 | 中国中材国际工程股份有限公司 | 0.19 | 4.0841 | 206559051.5 | 4.6723 |
| 600971 | 安徽恒源煤电股份有限公司 | 0.04 | 6.9465 | 47130441.93 | 0.6076 |
| 601001 | 大同煤业股份有限公司 | 0.62 | 4.9809 | 1130546786 | 12.4624 |
| 601006 | 大秦铁路股份有限公司 | 0.24 | 5.4215 | 3527512971 | 4.3756 |
| 601111 | 中国国际航空股份有限公司 | 0.01 | 4.159 | 92729000 | 0.1704 |
| 601398 | 中国工商银行股份有限公司 | 0.21 | 3.87 | 73461000000 | 5.3959 |
| 601666 | 平顶山天安煤业股份有限公司 | 0.02 | 4.9285 | 68019525.03 | 0.4166 |
| 601988 | 中国银行股份有限公司 | 0.16 | 3.48 | 47199000000 | 4.6644 |

注：数据来源于 RESSET 金融研究数据库。

通过程序模拟反复筛选参数 $\varphi$，其聚类结果如表 4.10 所示。

表 4.10　80 家上市公司股票聚类结果

| 类别 | 股票代码 |
|---|---|
| 第一类 | 000423, 000538, 000550, 000568, 000581, 000596, 000625, 000651, 000848, 000858, 000869, 000895, 002041, 002081, 600000, 600036, 600104, 600271, 600276, 600519, 600563, 600585, 600600, 600690, 600741, 600809, 601001, 601006, 601398 |
| 第二类 | 000012, 000039, 000157, 000401, 000425, 000528, 000536, 000639, 000655, 000671, 000680, 000708, 000778, 000800, 000877, 000880, 000933, 000979, 000983, 002024, 002050, 002063, 600028, 600030, 600031, 600066, 600111, 600115, 600160, 600188, 600216, 600348, 600362, 600369, 600375, 600395, 600418, 600489, 600508, 600547, 600750, 600763, 600794, 600871, 600873, 600880, 600970, 600971, 601111, 601666, 601988 |

为了说明提出的基于距离贴近度的 AP 聚类算法对上市公司绩效评价具有可行性和实用性，本章将获得的两类上市公司的每股收益和每股净资产通过图示进行对比说明，如图 4.7 和图 4.8 所示。

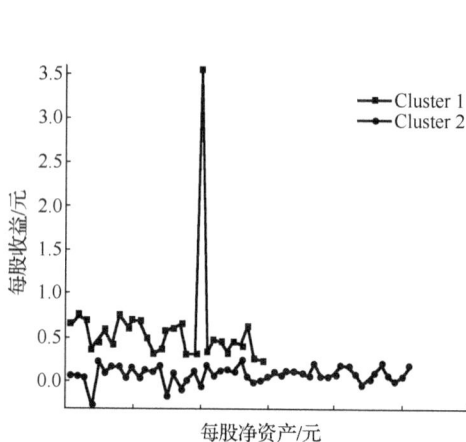

图 4.7　每股收益对比图

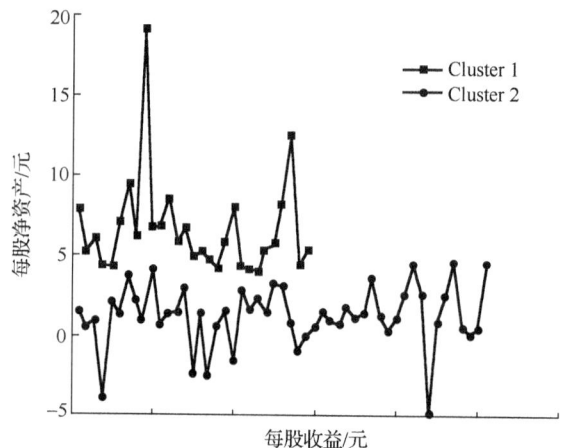

图 4.8　每股净资产对比图

从图 4.7 和图 4.8 中可以发现，第一类上市公司的每股收益和每股净资产几乎都高于第二类。每股收益、每股净资产和净资产收益率这三个指标是衡量公司获利能力和成长性最好的指标，也是投资者最为关注的指标。通过对比图可以说明第一类上市公司获利能力强、成长性良好、经营业绩优良，属绩优股，颇具发展潜力、具有长期投资价值。第二类上市公司的每股收益和每股净资产水平低，并且第二类中的一些上市公司每股收益和每股净资产为负值，这充分表现出这类公司规模效益不显著、主营业务业绩不突出、综合财务状况欠佳，这类股票表现为劣质股的特征。因此，在选择投资此类上市公司时，投资者应谨慎介入，可多加观望。

## 4.4　半监督自适应权重吸引子传播聚类算法

### 4.4.1　半监督聚类

吸引子传播算法中相似度矩阵 $S$ 对于数据对象关系的反应直接作用于最终聚类结果，相似度矩阵的定义对于聚类算法的精度有很大的影响。算法的另一重要参数——偏向参数可以影响到聚类数目的多少，它作为数据点独立的信息时，反映地是每个数据点作为类代表点可能性的大小，而吸引子传播算法的一大优点是将所有的数据点都作为潜在的聚类中心，所以偏向参数的大小是一个同等的值。这既是吸引子传播算法的优点，同时也是一大弊端，因为这样就不能利用先验信息给予数据点不同的偏向参数。但是，由于相似度矩阵包含了数据对之间的约束信息，所以利用约束信息来调整聚类指导聚类过程更为实际。因此，本章引入半监督思想，利用带标签的数据对来调整点与点之间的相似度形成新的相似度矩阵 $S$，在调整后相似度矩阵的基础上进行吸引子传播算法。在半监督聚类中，数据的先验信息一般为带类标签的数据或者是成对点约束信息。现实生活中，成对约束信息比带标签的数据更为常见，类标签信息在利用的时候也常常转化为带成对点约束的信息。大多数半监督聚类算法基于成对点约束分为两种：Must-link 和 Cannot-link。Must-link 表示的是两个点必须属于同一类，即集合 $M\{(x_i, x_j)\}$；相对应的 Cannot-link 则表示的是限制规定两个点不能在同一类中，即集合 $C=\{(x_i, x_j)\}$。本书获得的是成对点约束信息，根据经验将获得的带类标签的数据转化为成对点约束来进行计算[13]。

相似度矩阵的调整对于聚类结果的影响非常大。本书对相似度矩阵的调整所依据的基本原则是：首先设定相似度的范围是 $(-\infty, 0)$，当约束对 $\{(x_i, x_j)\}\in M$ 时，即认为两数据点具有很高的相似性，且相似度最高数值为 0，所以将同类约束对数据之间的相似度调整为 $s(x_i, x_j)=0$；而当获得的约束数据对同时属于 Cannot-link 时，即认为两数据相似度很低，把两点的距离定为最远距离，即将不同类约束对数据间的相似度调整为 $s(x_i, x_j)=-\infty$[14]，且利用 UCI 数据集中已有标签的数据集 Haberman 数据集进行实验。

### 4.4.2　自适应权重

聚类分析中通常默认数据的各维属性对于数据的意义是相同的，但由于样本中存在噪声属性和聚类无关属性，这种默认会使聚类结果偏差较大。为了能更好地说明问题，本书从 UCI 机器学习数据库中选取常用的 Iris 数据和 Wine 数据来进行图解说明。对 Iris 数据的第 1 和第 2 属性二维坐标图与第 3 和第 4 属性二维坐标图进行对比，如图 4.9 和图 4.10 所示；对 Wine 数据第 1 和第 3 属性二维坐标图与第 7 与第 13 属性二维坐标进行对比，如图 4.11 和图 4.12 所示。

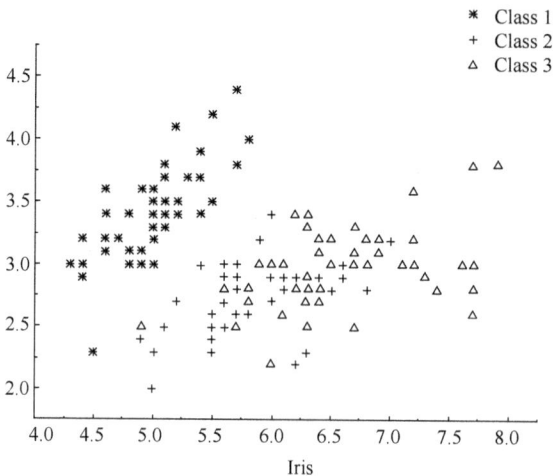

图 4.9　Iris 第 1 和第 2 属性图

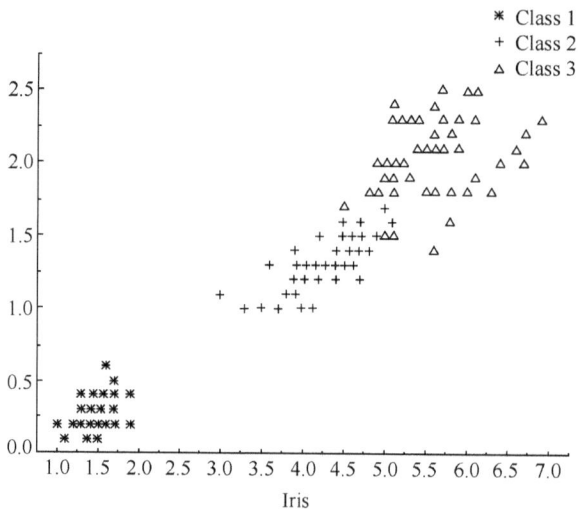

图 4.10　Iris 第 3 和第 4 属性

通过上述属性可以发现，图 4.9 中第二类与第三类样本划分甚为混乱，而图 4.10 能清晰地看出数据应分为三类，说明图 4.10 的聚类质量明显高于图 4.9；图 4.11 中第三类样本错分混乱，混在其他类中，而图 4.12 界限清晰，聚类效果明显优于图 4.11。结果分析，样本各属性对聚类的影响是不同的，就是说不同属性对聚类的决定作用互不相等。实验发现，波动幅度比较大的属性对聚类质量的影响大。为此，本章采取自适应权重赋权的方法避免聚类无关属性和噪声属性对聚类结果的影响。

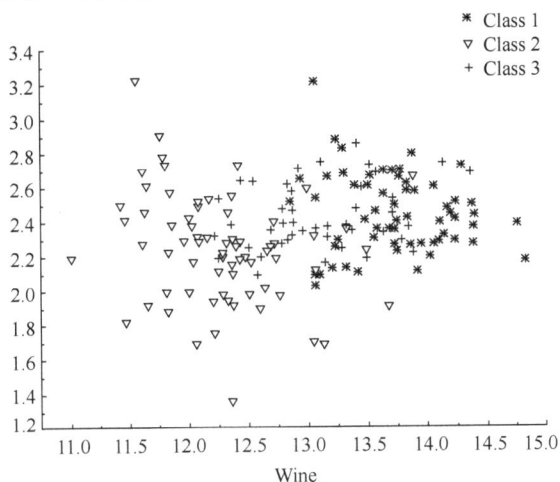

图 4.11　Wine 第 1 和第 3 属性图

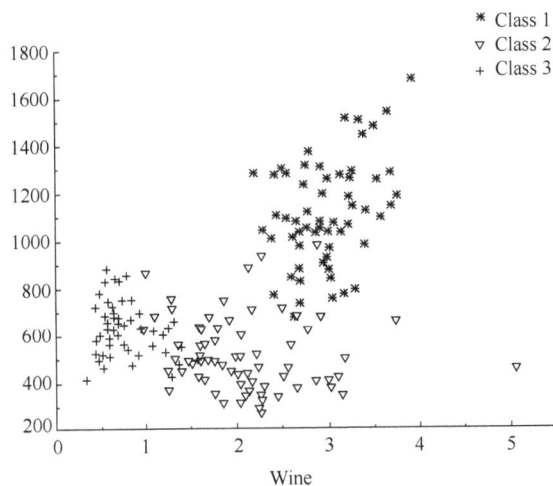

图 4.12　Wine 第 7 和第 13 属性图

## 4.4.3　相关定义

（1）将 $n$ 个 $m$ 维待聚类的数据集表示为如下矩阵：

$$X = \begin{bmatrix} x_{12} & x_{13} & \cdots & x_{1m} \\ x_{21} & x_{22} & \cdots & x_{2m} \\ \vdots & \vdots & & \vdots \\ x_{n1} & x_{n2} & \cdots & x_{nm} \end{bmatrix}$$

为使不同属性上的数据具有可比性，也为了方便计算属性贡献度，将上述矩阵按维度归一化至[0.01, 1]。归一化公式为

$$x_{ij} = \frac{x_{ij} - \hat{x}_j}{S_j} \tag{4.33}$$

$$\hat{x}_j = \frac{1}{n} \sum_{i=1}^{n} x_{ij} \tag{4.34}$$

$$S_j = \sqrt{\frac{1}{n} \sum_{i=1}^{n} (x_{ij} - \hat{x}_j)^2} \tag{4.35}$$

其中，$x_{ij}$ 中的 $i$ 是指数据对象；$j$ 表示数据对象的属性；$x_{ij}$ 表示标准化后的数据；$\hat{x}_j$ 表示指标 $j$ 的均值；$S_j$ 表示指标 $j$ 的方差。

（2）设当前迭代后所有数据对象划分为 $K$ 个聚类，每个聚类中的数据对象个数分别为 $n_1, n_2, \cdots, n_k$，则所有 $K$ 个聚类在第 $j$ 维属性上的类内距离之和为

$$d_n = \sum_{k=1}^{K} \sum_{i=1}^{n_k} (x_{ij} - m_{kj})^2 \tag{4.36}$$

其中，$m_{kj}$ 为第 $k$ 个聚类在第 $j$ 维属性上的均值。

（3）所有 $K$ 个聚类在第 $j$ 维属性上的类间距离之和为

$$d_w = \sum_{k=1}^{K} (m_{kj} - m_j)^2 \tag{4.37}$$

其中，$m_j$ 为数据集在第 $j$ 维属性上的均值。

（4）根据当前迭代结果，计算属性 $j$ 对聚类的贡献度为

$$c_j = d_w / d_n \tag{4.38}$$

对于数据的每个属性来说，能让聚类结果达到类内紧凑，类间疏远的效果，说明该属性区分数据对象能力强，对聚类结果的贡献也就越大，反之，如果该属性上类内松散且类间吸引，则该属性区分数据对象的能力弱，对聚类结果的贡献小。所以，本章提出用贡献度来区分每个属性对聚类结果的贡献程度是可行的。

### 4.4.4　特征权重

第 $j$ 维属性的特征权重为

$$w_j = c_j \bigg/ \sum_{j=1}^{m} c_j, \quad w_j \in [0,1], \quad \sum_{j=1}^{m} w_j = 1 \tag{4.39}$$

使用式（4.39）修正欧氏距离公式，得到加权的欧氏距离公式为

$$s(i,j) = -\sqrt{\sum_{j=1}^{m} w_j \cdot (x_{mj} - x_{kj})^2} \tag{4.40}$$

特征权重是根据各属性的贡献度计算得出的。特征权重越大，说明该属性对聚类越重

要，该属性在欧氏空间中的坐标轴应该进行较大拉伸；特征权重越小，说明该属性对聚类作用不大，该属性在欧氏空间中的坐标轴应该进行较大缩减。$w_j$ 的调节作用相当于对欧氏空间进行归约，在归约后的子空间中进行聚类，更能反映数据集在欧氏空间中的分布情况，从而提高聚类性能。

### 4.4.5　AFW-SAP 算法

AFW-SAP 算法流程如下。

输入：数据集 $n×m$（$n$ 和 $m$ 分别为对象个数和属性个数）。

输出：$K$ 个聚类，使每个对象到其所在聚类中心的加权欧氏距离最小。

步骤 1：半监督部分数据对象（本书为随意抽取 20%的数据作为已知条件）通过式（4.33）～式（4.39）计算出样本各属性的特征权重。

步骤 2：初始化矩阵 $A$，$a(i, k)=0$，根据式（4.40）计算相似度矩阵 $S$。

步骤 3：按式（4.28）～式（4.31）更新矩阵 $A$ 与矩阵 $R$。

步骤 4：根据式（4.27）获得相应的类代表点。

步骤 5：若算法达到最大迭代次数或类代表点在若干次迭代中不发生改变，则算法结束；否则，返回步骤 3 继续迭代。

### 4.4.6　实验模拟与结果分析

本书在 UCI 数据集中选取 Haberman 数据集为例，Haberman 数据集数据为 306 个，属性个数为 3 个。当 $\beta=1$，即 $P = \text{median}(S)$ 时聚类结果如图 4.13 所示。

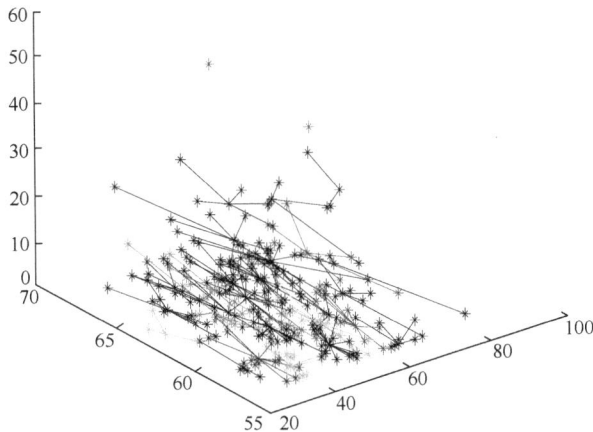

图 4.13　原始 AP 聚类算法 Haberman 数据集聚类效果图

随着调整 $P$ 值，聚类类数为 5 时，利用上述公式得出权重 $W=[0.3550, 0.1491, 0.4959]$。因为偏向参数 $P = \beta \cdot \text{median}(S)$，通过调整 $\beta$ 值，分别在 Haberman 数据集上运行 AP、AFW-AP、AFW-SAP 算法，得出 Sil 指标和 FM 指标如表 4.11 所示。可以看出 AFW-SAP 算法在不同的偏向参数的情况下，Sil 指标和 FM 值都是最高的，其次是 AFW-AP 算法，从而得出本章提出的半监督自适应权重的方法是可行的,对提高聚类精度有明显的效果。表 4.11 和表 4.12 分别为不同 $P$ 值下,AP 聚类算法、AFW-AP 算法和 AFW-SAP 算法 Sil 指标和 FM 指标数值。图 4.14 和图 4.15 分别为表 4.11 和表 4.12 的图示。

表 4.11　AP 聚类算法、AFW-AP 算法和 AFW-SAP 算法 Sil 指标

| $\beta$ | Sil | | |
| --- | --- | --- | --- |
| | AP | AFW-AP | AFW-SAP |
| 1 | −0.4000 | −0.3965 | −0.3576 |
| 5 | −0.0405 | −0.0344 | −0.0311 |
| 10 | −0.0440 | −0.0168 | −0.0091 |
| 15 | −0.0059 | 0.0662 | 0.0962 |
| 20 | −0.0167 | 0.0313 | 0.2076 |
| 25 | −6.8858 | 0.0363 | 0.2028 |
| 30 | −0.0236 | 0.0645 | 0.3088 |
| 35 | −0.1267 | 0.1900 | 0.3181 |

表 4.12　AP 聚类算法、AFW-AP 算法和 AFW-SAP 算法 FM 指标

| $\beta$ | FM | | |
| --- | --- | --- | --- |
| | AP | AFW-AP | AFW-SAP |
| 1 | 0.1513 | 0.1582 | 0.2514 |
| 5 | 0.2521 | 0.2538 | 0.435913 |
| 10 | 0.3335 | 0.3771 | 0.411005 |
| 15 | 0.352 | 0.3926 | 0.447816 |
| 20 | 0.3980 | 0.4531 | 0.507386 |
| 25 | 0.458983 | 0.4967 | 0.516040 |
| 30 | 0.457751 | 0.550468 | 0.569925 |
| 35 | 0.561070 | 0.593329 | 0.572176 |

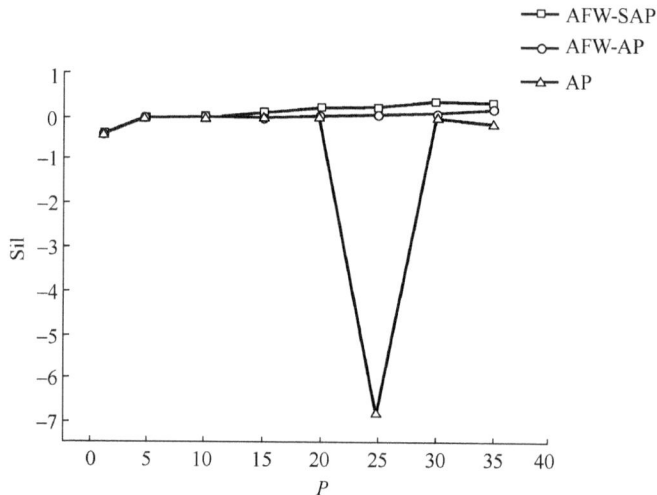

图 4.14　AP 聚类算法、AFW-AP 算法和 AFW-SAP 算法 Sil 指标

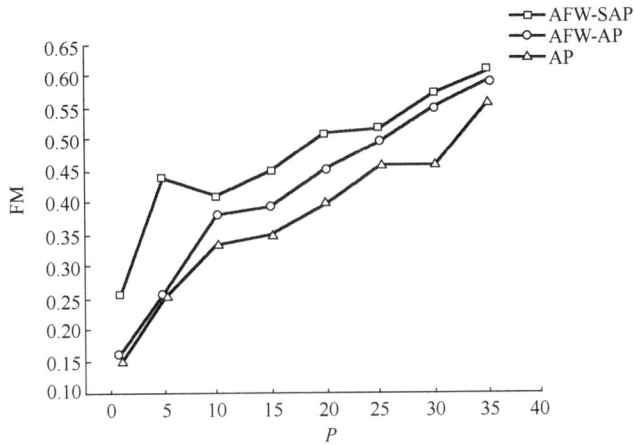

图 4.15 AP 聚类算法、AFW-AP 算法和 AFW-SAP 算法 FM 指标

取 Silhouette 指标与 FM 指标同时达到最大 Silhouette=0.3181，FM=0.572176 时，聚类效果如图 4.16 所示。

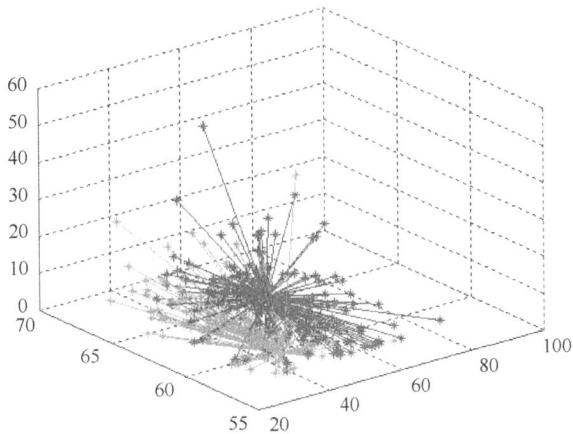

图 4.16 AFW-SAP 算法最佳聚类效果图

# 4.5 引入变异度的吸引子传播聚类算法

近年来，政府网站评价已成为国内外研究的热点，其评价方法层出不穷，例如，引入参考过程模型、主成分分析和模糊层次模型（AHP-Fuzzy）分析方法等，但对于政府网站的评价指标的权重确定一般需德尔菲专家法或调查问卷统计的方法，以此对不同的指标赋予不同的权重。这样不仅统计时间长，过程复杂，而且也掺杂了许多主观因素在内。为了弥补此不足，本章在 AP 聚类算法的基础上新定义各政府网站的相似度度量公式，并引入变异度为各项指标赋予不同的权重，提出了一种改进的 AP 聚类算法，并对我国的 31 个省级政府网站进行聚类，深入分析各类政府网站情况，最后给出合理的建议。

### 4.5.1　算法基本原理

吸引子传播算法的相似矩阵通常采用欧氏距离公式计算得出，本书为了能更好地反映客观世界的一些现象，使用修改的 Hsim 函数，使其成为加权的 Hsim 函数[15]，同时将变异度作为其权重。变异度是每项指标的标准差与总体指标的标准差的比值，如式（4.42）所示。变异度作为指标的权重，从而重新定义了各政府网站的相似度。具体公式为

$$S = \mathrm{Hsim}(x_i, x_j) = \frac{\sum\limits_{k=1}^{d} \dfrac{1}{1 + w_k \mid x_{ik} - x_{jk} \mid}}{d} \tag{4.41}$$

$$w_k = \frac{\sum\limits_{k=1}^{d} s_k^2}{s_k^2} \tag{4.42}$$

$$s_k = \left( \frac{1}{n-1} \sum_{i=1}^{n} (x_{ik} - \overline{X_k})^2 \right)^{\frac{1}{2}} \tag{4.43}$$

其中，$w_k$ 是每个指标的权重，$w_k$ 的值越大，其对应的第 $k$ 维对聚类结果的贡献就越小。这里需要说明的是，$w_k \geqslant 1$。我们可以通过引入权重系数让聚类结果更好地实现类内紧凑，类间独立。$d$ 是矩阵的维数，本书 $d$ 值为 8。$s_k$ 是所有省级政府网站上每个指标的标准差，即矩阵中每一列的标准差。

### 4.5.2　算法流程

VAP 算法具体步骤如下。

步骤 1：通过式（4.41）~式（4.43）计算出样本各属性的权重。

步骤 2：初始化矩阵 $A$, $a(i, k)=0$，通过式（4.41）计算相似矩阵 $S$。

步骤 3：按式（4.28）~式（4.31）过程更新矩阵 $A$ 与矩阵 $R$。

步骤 4：根据式（4.32）获得相应的类代表点。

步骤 5：若算法达到最大迭代次数或类代表点在若干次迭代中不发生改变，则算法结束；否则，返回步骤 3 继续迭代。

### 4.5.3　算法在政府网站聚类评价中的应用

#### 1. 数据的选取及处理

为了更好地做好政府网站工作，我国对政府网站的绩效评估指标一直在更新，2010 年还只有信息公开指数、在线办事指数、公众参与指数和网站可用性指数 4 项指标，到 2012 年新增了新技术指数、网络舆情引导指数等 15 项指标。根据《2012 年中国政府网站绩效评估总报告》[16]中对我国的 31 个省（自治区、直辖市）级政府进行综合排名（省级政府网

站共 32 个，本书没有考虑"新疆兵团"政府网站），评价指标有信息公开指数、互动交流指数、教育服务指数、社保服务指数、就业服务指数、医疗服务指数、住房服务指数、新技术应用指数、网络舆情引导指数等 19 项指标。为了更好地体现政府网站用户应用层面，加入了有关用户体验的感性指标。最终选取了其中的信息公开指数（information transparency index）、互动交流指数（interaction index）、证件办理指数（documents for the index）和网络舆情引导指数（internet public opinion to guide index）作为主要参考依据，并从 ALEXA 网站查询了网站的反向链接数（inlinks count）、访问速度（access speed）、日均 IP 访问量（一周平均）（daily IP traffic）、页面装载时间（page loading time）。数据获取日期为 2013 年 4 月 25 日，由于篇幅有限，仅列出部分数据。其中 A、B、C、D、E、F、G、H 分别表示信息公开指数、互动交流指数、证件办理指数、网络舆情引导指数、反向链接数、访问速度、日均 IP 访问量（一周平均）、页面装载时间（ms），如表 4.13 所示。

表 4.13　2012 年中国省（自治区、直辖市）级政府门户网站主观指标数据

| Province | A | B | C | D | E | F | G | H |
|---|---|---|---|---|---|---|---|---|
| Beijing | 0.85 | 0.86 | 0.93 | 0.43 | 869ms/76min | 3422 | 34800 | 16 |
| Shanghai | 0.84 | 0.81 | 0.9 | 0.52 | 836ms/78min | 9227 | 66600 | 207 |
| Hainan | 0.82 | 0.85 | 0.92 | 0.09 | 760ms/81min | 3491 | 9000 | 107 |
| Sichuan | 0.85 | 0.86 | 0.84 | 0.8 | 541ms/90min | 2218 | 3600 | 119 |
| Guangdong | 0.84 | 0.75 | 0.76 | 0.29 | 1010ms/70min | 3923 | 24000 | 210 |
| ⋮ | ⋮ | ⋮ | ⋮ | ⋮ | ⋮ | ⋮ | ⋮ | ⋮ |
| Gansu | 0.57 | 0.33 | 0.69 | 0.55 | 1103ms/66min | 2619 | 7800 | 119 |
| Neimenggu | 0.62 | 0.36 | 0.28 | 0.26 | 1124ms/82min | 1425 | 1800 | 115 |
| Hebei | 0.66 | 0.12 | 0.59 | 0.39 | 2292ms/28min | 1939 | 6000 | 224 |
| Xinjiang | 0.56 | 0.27 | 0.36 | 0.51 | 1578ms/69min | 1531 | 1140 | 95 |
| Xizang | 0.57 | 0.12 | 0.19 | 0.25 | No records | 668 | 360 | 12 |

对于数据的处理过程如下。

（1）表格中的空项或者没有记录 ALEXA 网站的缺失值，书中由该属性的平均值补缺。

（2）对于访问速度，求出每分钟的流量。

（3）页面装载时间为逆向指标，需要进行数据趋同化处理，改变逆指标方向，所以取原数据的负值。

（4）为了消除量纲的影响，将反向链接数、访问速度人均页面访问量、日均 IP 访问量（一周平均）、页面执行时间、页面装载时间数据进行规范化处理，采用的规范化公式为

$$x_{ij} = \frac{x_{ij} - \min(x_j)}{\max(x_j) - \min(x_j)} \tag{4.44}$$

其中，$\max(x_j)$ 与 $\min(x_j)$ 分别是每一列的最大值和最小值。

2. 实验结果分析

为便于分析聚类结果，将 31 个政府网站评级，本书通过调整 $P$ 值，使聚类结果分为三类。第一类（甲级）：北京、上海、海南、四川、广东、湖南、福建、安徽、浙江、吉林。第二类（乙级）：陕西、湖北、江苏、云南、天津、黑龙江、辽宁、青海、河南、河北。第三类（丙级）：山东、广西、山西、重庆、江西、贵州、甘肃、内蒙古、新疆、西藏、宁夏。

本书通过《2012 年中国政府网站绩效评估总报告》对 31 个政府网站绩效进行综合排名[17]，默认第一类甲级政府网站为前七名，第二类乙级政府网站为第八到第十九名，第三类丙级政府网站为第二十到第三十一名，然后计算聚类的准确率，即

$$聚类准确率=正确分类的样本数/总样本数 \qquad (4.45)$$

因为没有相关部门给出权威的分类，准确率计算只是提供一个参考依据，但是通过观察聚类结果可以发现：对比《2012 年中国政府网站绩效评估总报告》，本书得到的聚类结果与评估报告中的排名基本相符。

通过调整 $P$ 值，使聚类结果分为三类。用 K-means 算法、AP 聚类算法和 VAP 算法对我国 31 个政府网站进行聚类，考虑 K-means 算法受初始聚类中心影响，本书数据采用 10 次运行的平均结果。实验结果证明，VAP 算法对政府聚类在迭代次数和聚类准确率上都能得到理想的结果。实验结果如表 4.14 所示。

表 4.14　AP 和 VAP 算法实验结果

| 算法 | $P$ 值 | 时间/s | 准确率/% | 迭代次数 |
|---|---|---|---|---|
| K-means | 无 | 0.15 | 41 | 2 |
| AP | 1.5 | 0.061488 | 64 | 83 |
| VAP | 0.05 | 0.068258 | 71 | 78 |

1）第一类政府门户网站情况分析

第一类政府网站的数据，除访问速度外，类内各属性均值都优于总体均值，表示无论从服务对象还是服务内容来说，都有一定的优越性，满足大多数用户的需要。反向链接数上海处于明显领先地位，反向链接数是网络中其他站点对自身站点的网络链接，同时也表示了其他网站对于本网站的支持程度，反向链接数量越多，说明站点本身具备的实用价值就越高[18]。网络舆情引导指数类内相差比较大，海南、福建、浙江网络舆情引导指数较低。网络舆情是指在互联网的背景下，网络用户对社会（现实社会、虚拟社会）各种现象、问题所表达的信念、态度、意见和情绪表现的总和。舆情引导指数充分显示了社会的社情民意，所以网络舆情引导指数低的政府门户网站应该注意与群众的沟通、真诚对待。网络舆情引导指数四川省处于绝对领先位置，这说明四川省政府网站在对公众的舆情引导上起到了良好的作用，政府的信念态度通过网站更好地表达给了民众。

第一类政府网站提供了多项热点式服务，具有实用性、人性化，如上海市有 RSS 订阅，北京市的查询服务（包括企业信用查询、车辆违章查询等），浙江省把民众可以参与的活动

明显列出，例如，"省长信箱""网上访谈""政务微博"等。第一类政府网站在保持自身优势的同时，要加大加强探索新的服务模式。随着云计算、物联网等信息技术的蓬勃发展，电子政务的处理公务的效率、信息整合与公众之间的互动交流都需要加强，为二三类政府网站起到带头作用。

2）第二类政府门户网站情况分析

第二类政府门户网站各属性的均值在总体均值上下波动，说明整体处于居中的位置。互动交流指数均值靠近整体均值，但是类内差别其大，其中天津、辽宁、河南、河北比较低，这几个政府网站整体上与群众的沟通不高，对于群众的影响以及正向引导作用并不是很高，应该注意电子政务是以需求为导向的，第二类政府应该加强对用户的调研，密切与用户沟通；访问速度陕西省明显高于其他政府网站，访问速度直接影响到用户体验，对于黑龙江、湖北省来说应该提高访问速度。反向链接数陕西省处于类内领先位置，反向链接数直接影响的是政府网站的影响力及价值，说明陕西省政府网站的招商引资和影响力等都处于类内领先位置。

这十个省（自治区、直辖市）在基础环境、技术发展等方面落后于第一类政府网站。政府网站的信息来源于各个部门，在整合大量的信息数据时，需要避免"信息孤岛"和"烟囱现象"[19]，针对信息处理慢的部门应该加大整合力度，加强信息的透明度，加强民众参与，必要的话可以增加群众互动。应该特别注意的是，用户的需求是随着环境的变化和电子政务的发展而变化的[20]，政府网站办事效率的提升会影响用户对于政府网站的使用情况，还应该注意的是，用户会分为个人与企业，两者之间有不同的需要，需要区别对待。政府网站要切实做到以方便大众本身为基础，合理安排部署各部门之间的职责。

3）第三类政府门户网站情况分析

第三类政府门户网站与第一二类整体相差较大。信息公开指数、互动交流、证件办理指数、网络舆情引导指数、反向链接数和日均 IP 访问量平均值都低于总体平均值。其中，证件办理指数均低于整体均值，这说明第三类政府网站的电子政务水平整体比较薄弱，政府机构、企业以及社会公众的信息服务和信息处理系统有待提高[21]。网络舆情指数类内波动比较大，宁夏应该加强与群众间的沟通，以使政府网站在群众间树立一个良好的形象，产生正确的舆论导向。随着社会发展的需要，政府网站将成为办公的一个重要媒介，使各部门之间的沟通可以更快更便捷，提高办公速度与质量。网站的服务质量是一个综合指标，不仅需要得到领导的重视还需各个政府各部门的积极配合[22]。信息公开指数和互动交流指数比较低的主要原因是政府网站信息公开的认识不到位。其中广西、山东、贵州、内蒙古五个省（自治区、直辖市），近三年在综合方面有较多提高，对比数据可以发现这五个省份近年来的信息公开指数和互动交流指数都有明显提高，注重信息公开，给予群众的舆论导向直接，全民参与并应用政府网站，在很大程度上会提高政府的效率，更能反映"共治"的理念[23]。同时，处于第二类和第三类的政府网站应该加强"一站式"办公服务，使群众上网办事更简便容易。

## 4.6　基于结构相似度的半监督自适应吸引子传播聚类算法

### 4.6.1　结构相似性度量

1. 数据低秩转换

设数据集矩阵为 $X=[x_1, x_2, \cdots, x_n]$，其中 $x_i$ 表示 $d$ 维空间的数据点。低秩指的是将数据集 $X$ 表示成字典矩阵 $B$（也称为基矩阵）下的线性组合，即 $X = BZ$ [24]。若选取数据集 $X$ 本身作为字典，则有 $X = XZ$，并希望线性组合系数矩阵 $Z$ 是低秩的，为寻找到数据所在的线性子空间，需求解下列优化问题：

$$\begin{cases} Z = \min_Z \|X - XZ\|_F^2 \\ \text{s.t.}\quad \text{rank}(Z) = R \end{cases} \tag{4.46}$$

其中，$\|\cdot\|_F$ 是 Frobenius 范数，将优化问题式（4.46）进行凸松弛，得到

$$\min_Z \|X - XZ\|_F^2 + \lambda \cdot \text{rank}(Z) \tag{4.47}$$

由于矩阵秩的优化问题是非凸的组合优化问题，通过核范数替代 Frobenius 范数将式（4.47）转化为凸优化问题，即

$$\min_Z \|X - XZ\|_F^2 + \lambda \cdot \|Z\|_* \tag{4.48}$$

对于线性子空间嵌入问题，优化问题式（4.48）可以得到很好的结果，但面对非线性子空间嵌入问题则无法应对，针对此不足，本书将核函数引入低秩表示的优化问题中，通过核映射准确地识别数据所在的非线性子空间，即

$$\min_Z \frac{1}{2}\|\phi(X) - \phi(X)Z\|_F^2 + \lambda \cdot \|Z\|_* \tag{4.49}$$

其中，映射函数 $\phi(\cdot)$ 是经过非线性变换后的高维空间向量，输入空间中的点积形式在高维特征空间可以用 Mercer 核来表示，即

$$K(i, j) = \phi(i)^\mathrm{T} \phi(j) \tag{4.50}$$

核函数将高维空间的内积运算转化为低维输入空间的核函数计算，巧妙地解决了在高维特征空间中计算的"维数灾难"等问题，为在高维特征空间解决复杂的非线性子空间聚类问题奠定理论基础。

2. 结构相似度的核设计

基于上述低秩表示的算法原理，构建结构化的核相似性度量方式，通过在数据的低秩转换中嵌入核函数，识别潜在的流形结构。本书首先定义一个特定的 PSD 核函数，即

$$\omega_{ij} = \frac{z_i^\mathrm{T} z_j}{\|z_i\|\|z_j\|} \qquad (4.51)$$

其中，$\omega_{ij}$ 表示样本 $x_i$ 与 $x_j$ 的相似度；$z_i$ 与 $z_j$ 是系数矩阵 $Z$ 的第 $i$ 列和第 $j$ 列。$\omega_{ij}$ 值是向量 $z_i$ 和 $z_j$ 的夹角余弦值，因此，位于同一子空间的样本相似度高，位于不同子空间的样本相似度低。并且定义，如果 $z_i$ 或 $z_j$ 为 0，令 $\omega_{ij}$ 为 0。基于此，该相似度可满足如下 PSD 核函数性质：

$$\tilde{K}(z_i, z_j) = z_i^\mathrm{T} z_j \frac{1}{\|z_i\|} \frac{1}{\|z_j\|} = \tilde{K}_1(z_i, z_j) h(z_i) h(z_j)$$
$$= \tilde{K}_1(z_i, z_j) \tilde{K}_2(z_i, z_j) \qquad (4.52)$$

由式（4.52）可知，因为 $\tilde{K}_1$ 和 $\tilde{K}_2$ 都是有效的核函数，所以 $\tilde{K}$ 也是有效的核函数。虽然式（4.51）表示的相似度能够发现数据的潜在结构，但是样本间的扩展信息被忽略。鉴于此，为在识别数据的潜在结构信息的同时，保持原数据间的空间关系，本书提出新的 PSD 核函数，即

$$ss_{ij} = K(x_i, x_j) = \frac{< z_i^\mathrm{T}, z_j >}{\|z_i\| \cdot \|z_j\|} e^{\frac{-\|x_i - x_j\|^2}{2\sigma^2}} \qquad (4.53)$$

根据核低秩表示矩阵的结构信息可知，如果样本 $x_i$ 与 $x_j$ 分别在相对独立的流形子空间中并且几何距离很大，则两者之间的相似度会很小；相反，样本 $x_i$ 与 $x_j$ 处在同一低维流形子空间并且几何距离很短，则两者之间的相似度会很大。

基于上述的相似度定义，为适应 AP 聚类算法的相似度输入方式，本书定义一种新的距离公式和相似度公式，即

$$d(x_i, x_j) = \sqrt{ss_{ii} + ss_{jj} - 2ss_{ij}} \qquad (4.54)$$

$$s_{ij} = -d(x_i, x_j) = -\sqrt{s_{ii} + s_{jj} - 2s_{ij}} \qquad (4.55)$$

3. 算法流程

ASAP-SS 聚类算法流程如表 4.15 所示。

**表 4.15　ASAP-SS 聚类算法流程**

| ASAP-SS 聚类算法流程 |
| --- |
| 输入：相似度矩阵 $S(i, j)$，最大迭代次数 $T$，烟花爆炸的初始化半径 $r$，火星数量 $m$，阻尼系数 $\lambda$ |
| 输出：聚类数目 $k$，划分结果 $C = \{C_1, \cdots, C_k\}$，Sil 指标，FM 指标 |
| 步骤 1：初始化 $r(i, k)=0$，$a(i, k)=0$，$\lambda=0.5$，$m=10$，$T=10000$ |
| 步骤 2：求解核低秩表示优化问题，得到系数矩阵 $Z$ |
| 步骤 3：构建基于核低秩表示的结构相似度矩阵 $S$ |
| 步骤 4：利用成对约束信息调整相似度矩阵 $S$ |
| 步骤 5：在偏向参数空间进行烟花爆炸搜索寻优，并记录火星位置 |
| 步骤 6：运行 AP 聚类算法，并采用内部指标（Sil）评价每个火星的有效性 |
| 步骤 7：记录有效性最高的火星位置及其聚类结果 |
| 步骤 8：如果聚类结果连续 10 次保持不变，输出最优聚类结果。否则，选择最优的火星位置，返回步骤 5 |

## 4.6.2　仿真实验与分析

实验的计算机环境：处理器为 Inter(R) Pentium 2.9GHz，内存为 4GB，硬盘为 500GB，编程语言为 MATLAB 2012b。

1. 实验数据

本次的实验数据主要来自 4 组经典的模拟数据集和 6 组 UCI 真实数据集，数据的具体信息如表 4.16 和图 4.17 所示。

表 4.16　UCI 数据集

| 数据集 | 类数 | | | |
| --- | --- | --- | --- | --- |
| | 样本数 | 维数 | 真实数量 | 来源 |
| Iris | 150 | 4 | 3 | UCI |
| Wine | 178 | 13 | 3 | UCI |
| Glass | 214 | 10 | 6 | UCI |
| Ecoli | 327 | 7 | 5 | UCI |
| Seeds | 210 | 7 | 3 | UCI |
| Haberman | 306 | 3 | 2 | UCI |

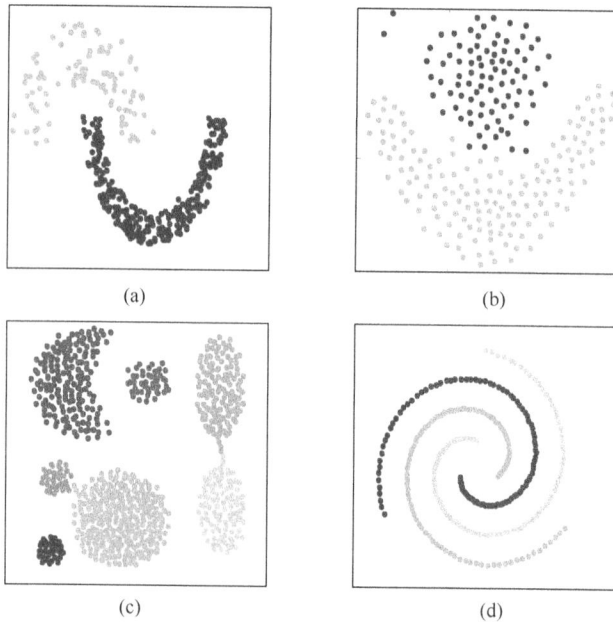

(a)　　　　　　　　　　　　(b)

(c)　　　　　　　　　　　　(d)

图 4.17　人工合成数据集（见彩图）

2. 实验结果与分析

仿真实验分别在 4 个人工合成数据集和 6 个 UCI 真实数据集进行测试，并且随机抽取数据集的 10%作为先验成对约束信息，各聚类算法在 4 个人工合成数据集的聚类结果如图 4.18～图 4.21 所示。

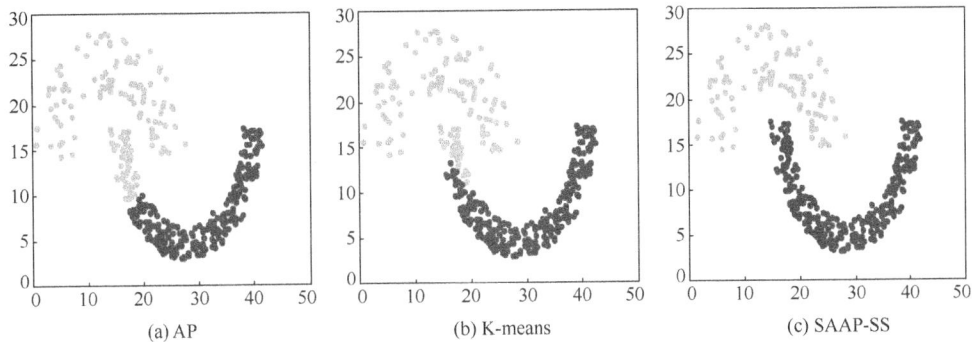

图 4.18　Jain 数据集的聚类结果（见彩图）

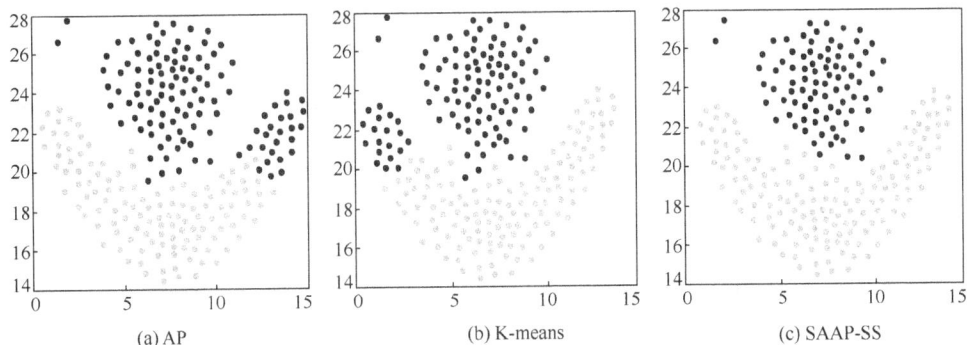

图 4.19　Flame 数据集的聚类结果（见彩图）

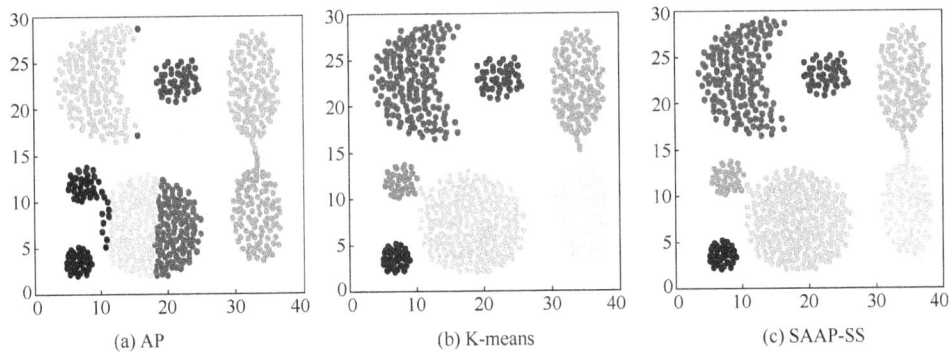

图 4.20　Aggregation 数据集的聚类结果（见彩图）

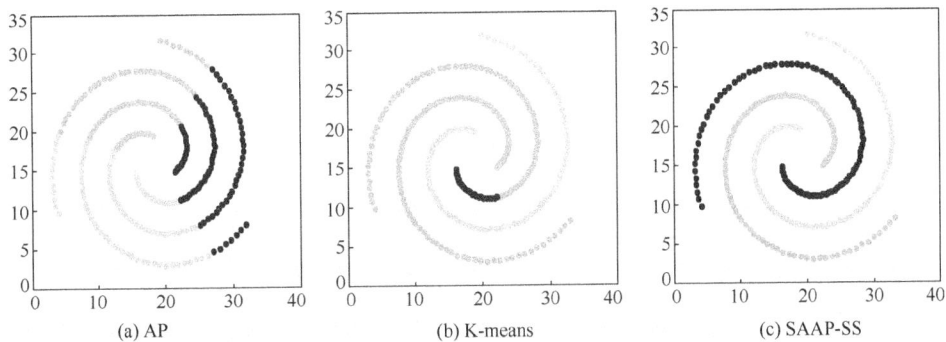

图 4.21　Spiral 数据集的聚类结果（见彩图）

通过对上述 4 组人工合成数据集的聚类结果可以清晰地看出，AP 算法和 K-means 算法对于非球形数据和同一簇类中含有多种聚类结构的数据无法得到合理的结果，而 SAAP-SS 算法则能非常准确地识别数据潜在的流形结构和多模形态，并且对簇与簇之间的单颈问题也得到很好的处理。

对于 UCI 真实数据集的测试，本书主要进行三部分的实验，第一部分是对 AP、SAP（半监督 AP）和 SAAP-SS 的实验，检验提出的算法能否得到准确的聚类数目；第二部分是对 AP、FEO-SAP（未使用结构相似度）、K-means 和 SAAP-SS 的实验，通过内部评价指标与外部评价指标对各算法的聚类质量和准确率进行全面的分析；第三部分是分析先验成对约束的数量对聚类的准确率的影响。第一部分的实验结果如表 4.17 所示，第二部分的实验结果如表 4.18 和图 4.22 所示，第三部分的实验结果如图 4.23 所示。

表 4.17　聚类数目对比

| 数据集 | 聚类数目 | | | |
| --- | --- | --- | --- | --- |
| | 真实类数 | AP | SAP | SAAP-SS |
| Iris | 3 | 12 | 4 | 3 |
| Wine | 3 | 12 | 5 | 3 |
| Glass | 6 | 14 | 7 | 6 |
| Ecoli | 5 | 28 | 11 | 5 |
| Seeds | 3 | 17 | 6 | 3 |
| Haberman | 2 | 31 | 9 | 2 |

表 4.18　聚类结果对比

| 数据集 | 聚类性能 | | | | | | | |
| --- | --- | --- | --- | --- | --- | --- | --- | --- |
| | AP | | FEO-SAP | | SAAP-SS | | K-means | |
| | FM | Sil | FM | Sil | FM | Sil | FM | Sil |
| Iris | 0.84 | 0.3848 | 0.90 | 0.5135 | 0.94 | 0.5433 | 0.84 | 0.3645 |
| Wine | 0.72 | 0.368 | 0.84 | 0.559 | 0.89 | 0.589 | 0.67 | 0.346 |
| Glass | 0.73 | 0.4977 | 0.75 | 0.5271 | 0.86 | 0.5236 | 0.72 | 0.4878. |
| Ecoli | 0.78 | 0.2437 | 0.84 | 0.273 | 0.91 | 0.373 | 0.72 | 0.2323 |
| Seeds | 0.79 | 0.328 | 0.85 | 0.4346 | 0.93 | 0.373 | 0.81 | 0.346 |
| Haberman | 0.71 | 0.339 | 0.76 | 0.4021 | 0.82 | 0.5021 | 0.68 | 0.335 |

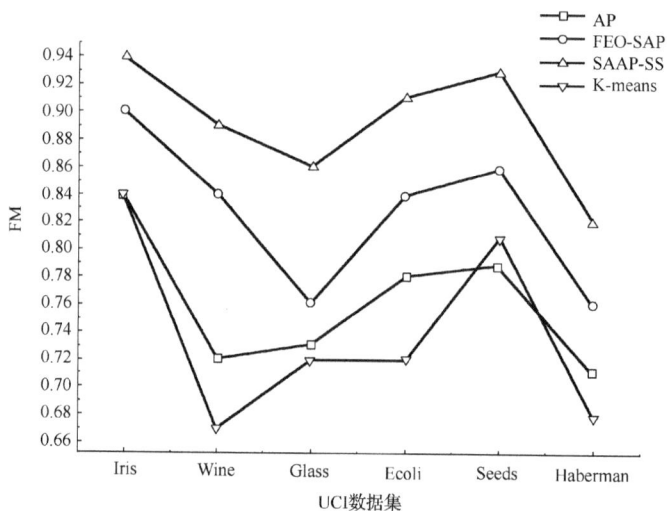

(a)

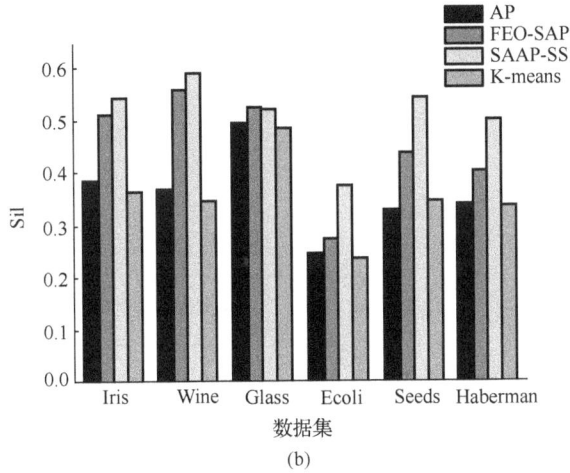

(b)

图 4.22　聚类质量和准确率对比

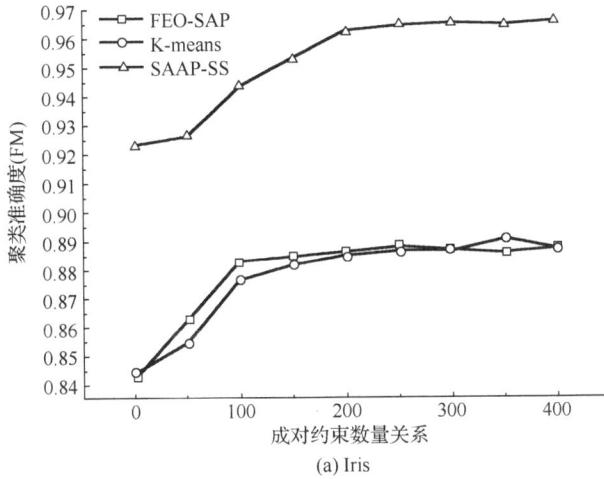

(a) Iris

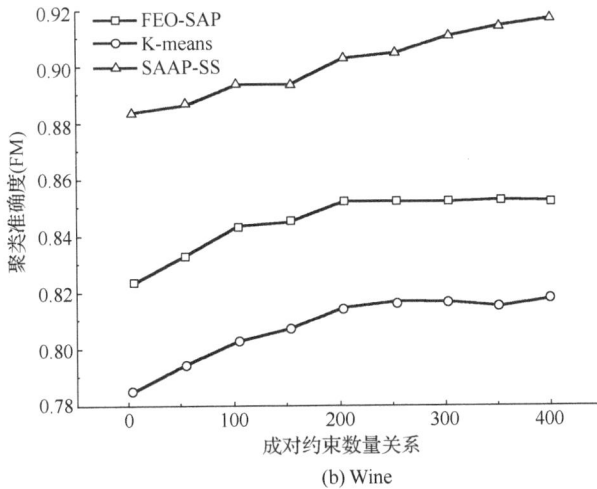

(b) Wine

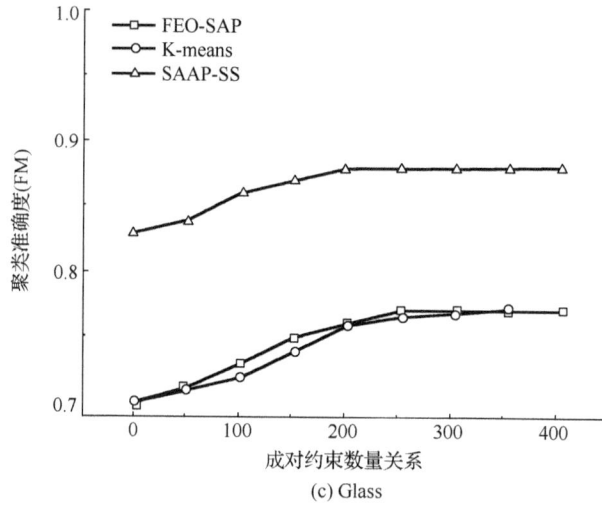

(c) Glass

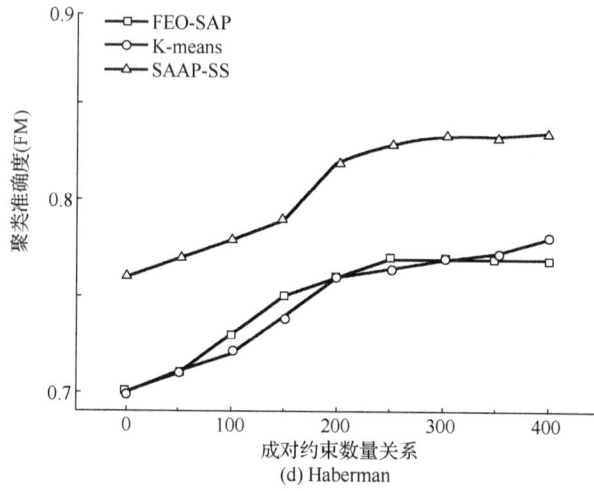

(d) Haberman

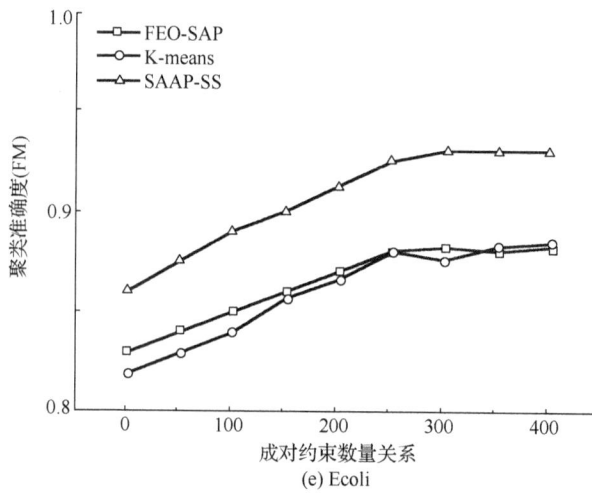

(e) Ecoli

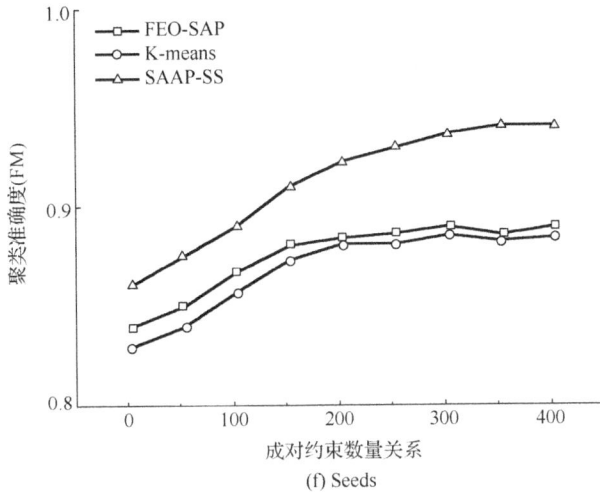

图 4.23 聚类准确度与成对约束数量关系

正如表 4.18 所示，SAAP-SS 算法所得到的聚类数目与真实聚类数目完全一致，而 AP 算法和 SAP 算法则与真实聚类数目存在不同程度的差别，SAP 算法虽然有先验信息的指导，且聚类数目较 AP 算法也与真实数目更接近，但是监督信息的作用毕竟有限，无法全局指导样本间的相似度构建，而 SAAP-SS 算法则通过建立基于核低秩表示的结构相似度，合理描述数据间的相似关系，加之监督信息的指导与偏向参数的双向寻优，最终得到全局的最优结果。对于聚类性能，从图 4.22 可以明显得知，本章提出的 SAAP-SS 算法无论从聚类结构的合理性还是聚类结果的准确率方面，都明显优于其他的算法，聚类性能显著提高。

由图 4.23 可知，不同的聚类算法随着先验信息的数量增加，聚类准确率都有不同幅度地提高，但是本书提出的 SAAP-SS 算法聚类准确率的提升幅度更大，说明基于核低秩表示的结构相似度能够更为准确地将先验信息转化为数据间的相似关系，使算法的稳健性更强。

## 4.7 基于属性分布相似度的吸引子传播聚类算法及应用

### 4.7.1 属性分布相似度

本章提出了基于属性分布相似度的吸引子传播聚类算法，即 PDS-AP 算法，设计出新的相似度矩阵。在高维二元数据中，我们假设：$X$ 是数据对象的集合，$X=\{X_i|i=1,2,\cdots,N\}$，$A$ 是属性集合，$A=\{A_i|i=1,2,\cdots,D\}$，而 $Y=\{Y_i|i=1,2,\cdots,D\}$ 表明了该对象在各属性分布上的取值分布情况，成为 $i$ 个对象的属性分布特征向量[25]。如果 $Y_{ij}=1$，表明第 $i$ 个对象在第 $j$ 个属性上是有值的，否则是稀疏的[26]。那么对象 $X_1$ 与 $X_2$ 的相似性度量公式为

$$d(X_1, X_2) = \frac{\left|\left\{A_j \middle| Y_{ip} = Y_{qj}\right\}\right|}{D} \tag{4.56}$$

在高维稀疏情形下[27]，每个对象在属性取值上存在着大量的零值，有取值的属性数占总属性数的比例很小，所以相似度公式做如下变形：

$$d(X_1, X_2) = \frac{|Ap \cap Aq|}{|Ap \cup Aq|} \tag{4.57}$$

将式（4.57）计算的相似度矩阵引入 AP 算法，取代欧氏距离矩阵。在实际应用中可以给这个相似度加上一个权重系数，当维度较高时，权重系数越接近于 1，这样更有利于发现更多有意义的相似对象，避免零值过多，降低算法的性能，公式为

$$d_p(X_1, X_2) = w_i d(X_1, X_2)(w_i \in [0.1]) \tag{4.58}$$

本书采用 UCI 二元数据集，最佳聚类数为 2 类。实验过程中，为了更好地控制实验过程和结果，采用了控制变量法，并且通过数十次的参数调整，得出稳定最终聚类类数。本书只采用部分实验数据，实验数据如表 4.19 所示。

表 4.19　AP 算法实验记录

| 实验次数 | $\lambda$ | $P$ 值（倍数表示） | 运行时间/s | 迭代次数 | Sil | 聚类类数 |
|---|---|---|---|---|---|---|
| 1 | 0.5 | 1 | 0.427989 | 364 | −0.2145 | 21 |
| 2 | 0.5 | 2 | 0.259874 | 194 | −0.1521 | 9 |
| 3 | 0.5 | 3 | 0.489126 | 438 | −0.1304 | 7 |
| 4 | 0.5 | 7 | 9.349881 | 10000 | −0.0554 | 3 |
| 5 | 0.5 | 8 | 3.937715 | 408 | −0.0747 | 4 |
| 6 | 0.5 | 9 | 1.460576 | 1470 | −0.0301 | 3 |
| 7 | 0.5 | 10 | 9.606969 | 10000 | NaN | 141 |
| 8 | 0.5 | 11 | 9.598057 | 10000 | NaN | 187 |

实验结果分析如表 4.20 所示。

表 4.20　PDS-AP 算法实验记录

| 实验次数 | $\lambda$ | $P$ 值（倍数表示） | 运行时间/s | 迭代次数 | Sil | 聚类类数 |
|---|---|---|---|---|---|---|
| 1 | 0.5 | 1 | 0.190873 | 95 | −0.2202 | 13 |
| 2 | 0.5 | 2 | 9.515731 | 10000 | −0.0926 | 7 |
| 3 | 0.5 | 3 | 0.175436 | 87 | −0.0827 | 5 |
| 4 | 0.5 | 7 | 0.179438 | 90 | −0.0567 | 3 |
| 5 | 0.5 | 11 | 0.188092 | 101 | −0.0049 | 2 |
| 6 | 0.5 | 14 | 0.208857 | 122 | −0.0049 | 2 |

第一，AP 算法在 $\lambda$ 值不变的情况下，聚类类数是逐渐变少的，精度越来越大，最终稳定的聚类类数是 3 类。第二，AP 算法在 $P$ 值的调整过程中，聚类数会出现一个临界值，在这个值之前聚类类数会越来越少，这个值之后，算法发散，聚类结果失真，其对于高维稀疏数据的聚类达不到最佳聚类类数。

对比实验分析：第一，PDS-AP 算法在 $P$=1 时就比原先的算法计算得更快，聚类类数更少，聚类性能更好。第二，调整 $P$ 值，使得两种算法都达到极限聚类数时，PDS-AP 算法的聚类效果比 AP 算法好，并达到标准数据集的类数，聚类时间更少。如图 4.24 所示，比

较两种算法的聚类效果：在 $P$ 值变化的过程中，PDS-AP 算法总比 AP 算法的聚类类数少，而且 AP 算法在 $P$ 值增大某一点时出现发散情形，得不到数据集的最佳聚类。所以 PDS-AP 算法对于高维稀疏数据的聚类性能比 AP 聚类算法更好。

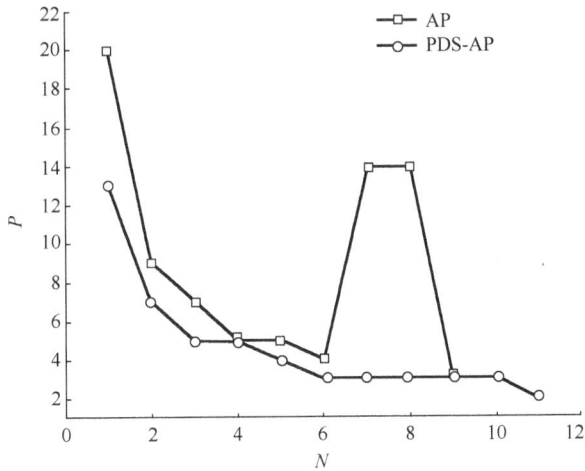

图 4.24　AP 与 PDS-AP 在不同 $P$ 值下的聚类数

## 4.7.2　仿真模拟实验与分析

为了观察新算法应用效果，对于真实数据进行了分析，数据来源于科研数据共享平台，数据总量共有 741×41 个数据点，如表 4.21 所示。

表 4.21　超市销售数据

| ID | 饮料 | 冲饮食品 | 乳制冲饮 | 滋补保健品 | 罐头食品 | 即食主食 | 中式挂面/通心粉 |
|---|---|---|---|---|---|---|---|
| 24P0011002 | 0 | 0 | 0 | 0 | 0 | 0 | 0 |
| 3P0059002 | 1 | 1 | 0 | 0 | 0 | 0 | 0 |
| 124P0031005 | 0 | 0 | 0 | 0 | 0 | 0 | 0 |
| 123P0031005 | 0 | 0 | 0 | 0 | 0 | 0 | 0 |
| 122P0031005 | 0 | 0 | 0 | 0 | 0 | 0 | 0 |
| 121P0031005 | 1 | 0 | 0 | 0 | 0 | 0 | 0 |
| ⋮ | ⋮ | ⋮ | ⋮ | ⋮ | ⋮ | ⋮ | ⋮ |
| 96P0031005 | 1 | 0 | 0 | 0 | 0 | 0 | 0 |
| 95P0031005 | 1 | 0 | 0 | 0 | 0 | 0 | 0 |
| 94P0031005 | 0 | 0 | 0 | 0 | 0 | 0 | 0 |
| 93P0031005 | 1 | 0 | 0 | 0 | 0 | 0 | 0 |
| 92P0031005 | 0 | 0 | 0 | 0 | 0 | 0 | 0 |
| 91P0031005 | 1 | 0 | 0 | 0 | 0 | 0 | 0 |

运用新算法，$\lambda=0.5$，$P$ 值采用一倍，和标准 AP 聚类算法保持一致，实验结果如下：类数是 16，Sil=−0.2830。将对应的对象和其所属样本点放在一起，会增加客户的购买度与购物享受。如果有顾客的进一步资料，可以分析不同客户群的需求。

# 4.8　本　章　小　结

基于欧氏距离的相似度无法准确地表达数据对潜在的结构关系，加之偏向参数的难以确定，导致聚类结果极为不合理。针对上述问题，本书提出优化相似度计算的几种方法，并应用到上市公司的绩效评价中，建立科学的上市公司绩效评价模型，较为客观地展示了上市公司绩效现状。本书丰富了上市公司绩效评价算法，为政府、企业和投资者提供了一种全新的参考工具。

## 参 考 文 献

[ 1 ] 李洁, 高新波, 焦李成. 基于特征加权的模糊聚类新算法. 电子学报, 2006, 1(34): 89-92.

[ 2 ] 孙晓博, 廖桂平. 基于新的相似性度量的加权粗糙聚类算法. 计算机工程与科学, 2011, 12(33): 110-115.

[ 3 ] 蔡静颖, 谢福鼎, 张永. 基于马氏距离特征加权的模糊聚类新算法. 计算机工程与应用, 2012, 48(5): 198-200.

[ 4 ] 黎佳, 王明文, 何世柱, 等. 基于特征加权的半监督聚类研究. 广西师范大学学报(自然科学版), 2011, 1(29): 92-97.

[ 5 ] Ahmad W, Narayanan A. Feature weighing for efficient clustering//Proceedings of the 6th International Conference on Advanced Information Management and Service, Seoul, 2010: 236-242.

[ 6 ] He X C. Coefficient of variation and its application to strength prediction of adhesively bonded joints//Proceedings of the International Conference on Measuring Technology and Mechatronics Automation, Zhangjiajie, 2009: 602-605.

[ 7 ] 王开军. 自适应仿射传播聚类. 自动化学报, 2007, 33(12): 1242-1246.

[ 8 ] 王羡慧, 覃征. 采用仿射传播的聚类集成算法. 西安交通大学学报, 2011, 8(45): 2-6.

[ 9 ] 陈建斌. 高维聚类知识发现关键技术研究及应用. 北京: 电子工业出版社, 2009.

[10] 张红颖. 基于因子分析和聚类分析的天津市上市公司评价研究. 科技视界, 2012, 35: 56-57.

[11] 甄国红, 睢忠林. 创业板上市公司财务业绩分析与评价. 财会通讯, 2012, 6: 83-86.

[12] Huang Y D, Du L B. Evaluation of performance of listed companies using factor analysis-take listed companies in Luzhong region as an example//Proceedings of the International Conference on Regional Management Science and Engineering, Jinan, 2010: 711-715.

[13] 赵宪佳, 王立宏. 吸引子传播半监督聚类算法的分析与改进. 计算机应用研究, 2010, 46(36): 168-170.

[14] du Plessis M C, Sugiyama M. Semi-supervised learning of class balance under class-prior change by distribution matching. Neural Networks, 2014, 50: 110-119.

[15] 刘铭, 王晓龙, 刘远超. 一种大规模高维数据快速聚类算法. 自动化学报, 2009, 35(7): 859-866.

[16] 中国软件测试中心. 2012 年中国政府网站绩效评估总报告. http: //www. cstc. org. cn/zhuanti/fbh2012/zbg1/3.5.2.html[2013-04-14].

[17] 人民网舆情监测室. 2012 年新浪政务微博报告. http: //tech. sina. com. cn/i/2012-12-03/11157851982. shtml[2013-04-14].

[18] 赵跃. 基于对应分析法的政府网站评价研究. 电子政务, 2014, (3): 67-72.

[19] 李少惠, 倪怡. 我国政府门户网站预算信息公开评价研究. 南京社会科学, 2014, (8): 80-86.

[20] 赵伟, 彭洁, 杨行. 我国科学数据共享网站评价研究. 中国科技资源导刊, 2014, (2): 1-6.

[21] 郑珊珊. 国内电子商务网站评价研究的文献计量学分析. 商情, 2014, (7): 395-396.

[22] 王蕊, 王为, 孙承爱, 等. 基于 AHP 的服务型政府绩效评价设计与实现. 青岛大学学报(工程技术版), 2014, 29(1): 89-94.

[23] 李丽, 姚芳敏, 牛奔. 2011 年广东省政府网站评价研究. 电子政务, 2012, (9): 19-21.

[24] 史加荣, 郑秀云, 魏宗田, 等. 低秩矩阵恢复算法综述. 计算机应用研究, 2013, (6): 1601-1605.

[25] 潘谦红, 王炬. 基于属性论的文本相似度计算. 计算机学报, 1999, 22(6): 651-655.

[26] 王依章, 王丽敏, 韩旭明. 属性分布相似度吸引子传播聚类算法研究. 长春工业大学学报(自然科学版), 2014, (3): 271-274.

[27] 陈小红, 李霞, 王娜. 高维多目标优化中基于稀疏特征选择的目标降维方法. 电子学报, 2015, 43(7): 1300-1307.

# 第5章 基于复杂数据结构优化的吸引子
# 传播聚类算法及其应用

在实际生活中，我们往往会获取到一些高维数据，利用传统的 AP 聚类算法处理高维数据时，无法反映数据之间真正的相似关系，从而聚类准则失效，导致聚类算法失败。AP聚类算法的时间复杂度和空间复杂度都与数据个数有关，随着数据个数的增加，将呈指数速度急剧增大。因此，对高维数据进行聚类分析，需要解决两个重要问题：一个是如何消除数据的冗余性，其严重影响聚类结果和聚类的复杂度；另一个是如何在稀疏数据点获取数据集的分布。高维的数据维数较多，数据点分布很可能出现"维度灾难"，使得聚类算法难以找到数据的真正结构。欧氏距离是数据分析中最常用的相似性度量方法，通过计算样本点之间的真实距离，根据距离远近来衡量两点之间相似度的大小。然而在高维空间中，大量噪声和冗余信息使得数据点分布杂乱无章，难以形成可识别的簇类，而且随着维度不断的升高，数据点之间的距离趋于一致，使得传统的相似性度量方式逐渐失去作用。此外，阻尼因子作为决定 AP 聚类算法收敛速度的重要参数，在算法运行的全过程中，一经确定，便不再改变。这无疑削弱了算法的收敛性能，使得阻尼因子不能在算法运行的不同阶段动态调整参数以达到最佳聚类性能。

为解决上述问题，本章提出 4 种优化算法，分别是基于熵权法和主成分分析法相结合的吸引子传播聚类算法（the entropy weight method and principal component analysis affinity propagation，EWPCA-AP）、基于奇异值分解的自适应吸引子传播聚类算法（self-adapting affinity propagation clustering algorithm based on singular value decomposition，SVD-SAP）和基于最小簇匹配的流形吸引子传播聚类算法（matching min-cluster hierarchical clustering algorithm，MMHC）、融合多指标面板数据的半监督吸引子传播聚类算法（semi-supervised affinity propagation algorithm fuses multiple panel data，SMAP）。EWPCA-AP 算法利用熵权法的思想对样本数据进行加权，消除数据的冗余性，通过主成分分析对数据进行降维；SVD-SAP 算法通过对高维数据进行奇异值分解操作，消除冗余信息，通过奇异值分解逆运算重构数据，进行降维，降低数据规模，提高算法效率，同时为使算法收敛更快，提出一种非线性函数策略，根据每次能量函数的收敛情况自适应地调整阻尼系数，提高算法的收敛性能；基于最小簇匹配的流形吸引子传播聚类算法通过建立无向图，构建一种新的基于图的流形聚类，充分利用传统 AP 聚类算法优秀的球形和凸集数据聚类能力，不断聚合最小簇，从而完成流形聚类。另外，将 EWPCA-AP 与 SMAP 聚类算法应用于我国各省（自治区、直辖市）财政收支的经济指标和上市公司绩效评价中，实验结果符合真实情况。

# 5.1　基于熵权法和主成分分析法相结合的吸引子传播聚类算法

## 5.1.1　熵权法

熵权法是综合评价因素的方法之一，是一种客观赋权方法。在具体使用过程中，熵权法根据各指标的变异程度，利用信息熵计算各指标的熵权，再通过熵权对各指标的权重进行修正，从而得出较为客观的指标权重[1-3]。

### 1. 熵权法的基本原理

设系统处于 $m$ 中不同状态，每种状态出现的概率为 $P_i$（$i=1, 2, \cdots, m$)，则此时系统的熵定义为

$$e = -\sum_{i=1}^{m} P_i \ln P_i \tag{5.1}$$

当 $P_i = \dfrac{1}{m}(i = 1,2,\cdots,m)$ 时，此时 $e_{\max} = \ln m$。

现有 $m$ 个待评项目，$n$ 个评价指标，形成原始评价矩阵 $R = (r_{ij})_{m \times n}$，对于某个指标 $r_i$ 有

$$e_j = -\sum_{i=1}^{m} P_{ij} \cdot \ln P_{ij} \tag{5.2}$$

其中，$P_{ij} = \dfrac{r_{ij}}{\sum\limits_{i=1}^{m} r_{ij}}$。

从信息熵的公式可以看出，如果某个指标的熵值 $e_j$ 越小，说明其指标值的变异程度越大，提供的信息量越多，在综合评价中该指标起的作用越大，其权重应该越大；如果某个指标的熵值 $e_j$ 越大，说明其指标值的变异程度越小，提供的信息量越少，在综合评价中该指标起的作用越小，其权重应该越小。

### 2. 基于熵权法的权重计算法

各指标最终权值的确定是由综合指标的重要性和指标提供的信息量这两方面决定的。现有 $m$ 个待评项目，$n$ 个评价指标，形成原始数据矩阵 $R = (r_{ij})_{m \times n}$，即

$$R = \begin{bmatrix} r_{11} & r_{12} & \cdots & r_{1n} \\ r_{21} & r_{22} & \cdots & r_{2n} \\ \vdots & \vdots & & \vdots \\ r_{m1} & r_{m2} & \cdots & r_{mn} \end{bmatrix}_{m \times n} \tag{5.3}$$

其中，$r_{ij}$ 为第 $j$ 个指标下第 $i$ 个项目评价值。

求各指标权重过程如下。

（1）计算出第 $j$ 个指标下第 $i$ 个项目的指标值的比重 $P_{ij}$，即

$$P_{ij} = \frac{r_{ij}}{\sum\limits_{i=1}^{m} r_{ij}} \tag{5.4}$$

（2）计算第 $j$ 个指标的熵值 $e_j$，即

$$e_j = -k \sum\limits_{i=1}^{m} P_{ij} \cdot \ln P_{ij} \tag{5.5}$$

其中，$k = 1/\ln m$。

（3）计算第 $j$ 个指标的熵权 $w_j$，即

$$w_j = \frac{(1-e_j)}{\sum\limits_{j=1}^{n}(1-e_j)} \tag{5.6}$$

（4）确定指标的综合权数 $\beta_j$。根据自己的需要和目的将指标的权重确定为 $\alpha_j (j=1, 2, \cdots, n)$，结合指标的熵权 $w_j$ 就可得到指标 $j$ 的综合权数，即

$$\beta_j = \frac{\alpha_j w_j}{\sum\limits_{j=1}^{n} \alpha_j w_j} \tag{5.7}$$

熵权表示在该指标下对评价对象的区分度，当各项目在指标 $j$ 上的值相同时，该指标的熵值为 1，达到最大，其熵权为 0，该指标的变异程度可忽略不计。

## 5.1.2 主成分分析法

主成分分析（principal component analysis，PCA）方法也称主分量分析，是由哈罗德·霍特林于 1933 年首先提出的。主成分分析法旨在利用降维的思想，把多目标转化为少数的综合目标，其中每个目标都是原始目标的线性组合，各主成分之间互不相关，所反映的信息互不重叠。为了全面、系统地分析问题，一些相关因素都得考虑，这些因素称为指标，而这些指标之间存在一定的相关性，因此所得的数据具有重叠性和冗余性特点，这增加了研究问题的困难，而主成分分析法则是解决这类问题的理想工具。

主成分分析是一种数据降维的方法。其基本思想是对多变量系统进行最佳综合简化，将数据表所描述的原系统中 $p$ 个变量值 $X_1, X_2, \cdots, X_p$ 进行重新调整组合，从中提取 $m(m \leqslant p)$ 个综合变量 $Y_1, Y_2, \cdots, Y_m$，使其能够最大程度地覆盖原系统中数据对象所描述的信息，达到降维和简化的目的。设 $X$ 的均值为 $\mu$，协方差矩阵为 $\Sigma$[4-6]。

对 $X$ 进行线性变换，可以形成新的综合变量，用 $Y$ 表示，也就是说，新的综合变量可以用原来的变量线性表示，即满足：

$$\begin{cases} Y_1 = u_{11}X_1 + u_{21}X_2 + \cdots + u_{p1}X_p \\ Y_2 = u_{12}X_1 + u_{22}X_2 + \cdots + u_{p2}X_p \\ \qquad \vdots \\ Y_m = u_{1m}X_1 + u_{2m}X_2 + \cdots + u_{pm}X_p \end{cases} \tag{5.8}$$

由于可以任意地对原始变量进行上述线性变换，由不同的线性变换得到的综合变量 $Y$ 的统计特性也不尽相同。为了取得较好的效果，要求 $Y_i = u_i'X$ 的方差尽可能大且各 $Y_i$ 之间互相独立，这是由于：

$$\mathrm{var}(Y_i) = \mathrm{var}(u_i'X) = u_i' \sum u_i$$

而对任何常数 $c$，有

$$\mathrm{var}(cu_i'X) = cu_i' \sum u_i c = c^2 u_i' \sum u_i$$

为了所研究的问题变得有意义，我们将线性变换约束在下面的原则之下。

（1）$u_i'u_i = 1$，即 $u_{i1}^2 + u_{i2}^2 + \cdots + u_{i2}^2 = 1(i = 1, 2, \cdots, p)$。

（2）$Y_i$ 与 $Y_j$ 相互无关 $(i \neq j; i, j = 1, 2, \cdots, p)$。

（3）前提一切满足原则（1）情况下，$Y_1$ 是 $X_1$, $X_2$, $\cdots$, $X_p$ 的线性组合中方差最大者，$Y_2$ 是与 $Y_1$ 不相关的 $X_1$, $X_2$, $\cdots$, $X_p$ 所有线性组合中方差最大者，$Y_p$ 是与 $Y_1$, $Y_2$, $\cdots$, $Y_{p-1}$ 都不相关的 $X_1$, $X_2$, $\cdots$, $X_p$ 所有线性组合中方差最大者。

基于以上三条原则，综合变量 $Y_1$, $Y_2$, $\cdots$, $Y_p$ 分别为原始变量的第 1, 2, $\cdots p$ 个主成分。其中，综合变量 $Y_1$, $Y_2$, $\cdots$, $Y_p$ 在方差中占的比例依次递减，在实验部分，一般只选择前 $m$ 个方差最大的主成分，其累计贡献率达到 85%，这样在保留绝大部分信息的情况下，从而达到简化系统结构、抓住问题实质的目的。

主成分分析法的分析步骤归纳如下。

（1）根据研究问题确定初始变量。

（2）根据初始变量的特性判断利用协方差矩阵求主成分还是由相关矩阵求主成分。

（3）求出协方差矩阵或相关矩阵的特征根与相应的标准特征向量。

（4）判断是否存在明显的多重共线性，若存在，则回到第一步。

（5）得到主成分的表达式并确定主成分个数，选取主成分。

（6）结合主成分对研究问题进行分析并深入研究。

主成分分析法的具体流程如图 5.1 所示。

## 5.1.3　EWPCA-AP 算法及其应用

利用经典 AP 聚类算法对高维数据进行聚类时，由于"维度效应"，数据点之间变得稀疏，利用欧氏距离计算数据之间的相似性，直接降低聚类性能。针对此问题，本书提出基于熵权法和主成分分析法的 AP 聚类算法，利用熵权法对高维数据的每个属性加权，使得每个属性变异程度相同，降低数据的冗余性，利用主成分分析法的思想，提取主成分降维，在低维空间上，利用 AP 聚类算法，实现高维数据在低维空间聚类。

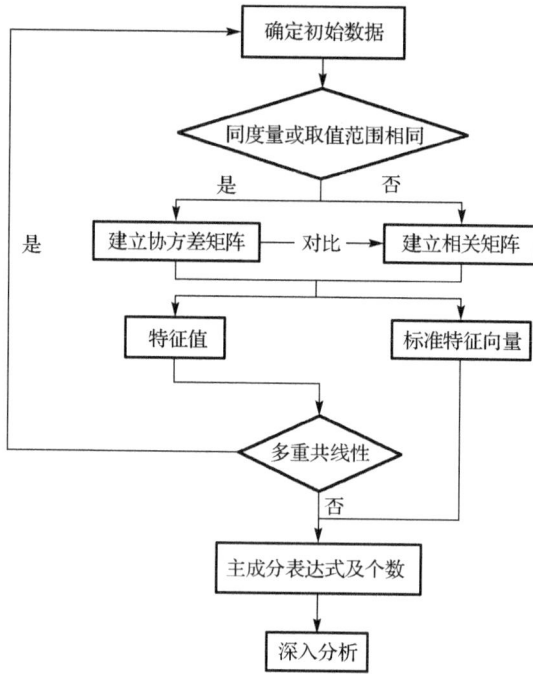

图 5.1　主成分分析法的具体流程图

## 1. 基于熵权法和主成分分析法的吸引子传播算法流程

基于熵权法和主成分分析法的 AP 聚类算法流程如图 5.2 所示。

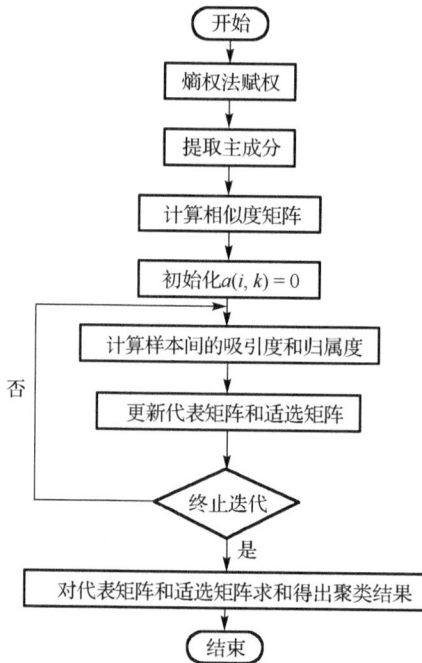

图 5.2　基于熵权法和主成分分析法的 AP 聚类算法流程图

基于熵权法和主成分分析法的 AP 聚类算法具体步骤如下。

（1）根据式（5.4）～式（5.6）利用熵权法对数据进行赋权。

（2）根据主成分分析步骤，提取主成分，实现降维。

（3）初始化 $a(i,k)=0$，并根据式（5.9）初始 $P$ 值，即

$$P = \frac{\alpha \cdot \sum\limits_{i,j=1;i \neq j}^{N} s(i,j)}{N(N-1)} \tag{5.9}$$

其中，$\alpha$ 为权系数。

（4）根据如下公式对 $r(i,k)$ 与 $a(i,k)$ 两个信息量更新迭代：

$$r(i,k) \leftarrow s(i,k) - \max_{k',s.t.k' \neq k} \left\{ a(i,k') + s(i,k') \right\} \tag{5.10}$$

$$a(i,k) \leftarrow \begin{cases} \min\left\{0, r(k,k) + \sum\limits_{i',s.t.i' \notin \{i,k\}} \max\left\{0, r(i',k)\right\}\right\}, & i \neq k \\ \sum\limits_{i',s.t.i' \neq k} \max\left\{0, r(i',k)\right\}, & i = k \end{cases} \tag{5.11}$$

$$r^{(t+1)}(i,k) \leftarrow (1-\lambda)r^{(t+1)}(i,k) + \lambda r^{(t)}(i,k) \tag{5.12}$$

$$a^{(t+1)}(i,k) \leftarrow (1-\lambda)a^{(t+1)}(i,k) + \lambda a^{(t)}(i,k) \tag{5.13}$$

（5）根据式（5.14）获取类代表点：

$$\arg\max_{k} \left( a(i,k) + r(i,k) \right) \tag{5.14}$$

（6）若算法的结果不发生变化或者达到预定最大迭代次数，则停止；否则返回（4）继续更新迭代。

2. 实验模拟与结果分析

为了验证提出的基于熵权法和主成分分析法的 AP 聚类算法的有效性，实验选取 UCI 数据库中的 Wine 数据集、Spect 数据集和 Ecoli 数据集，其数据特征如表 5.1 所示。通过程序模拟反复筛选参数 $\varphi$，对 UCI 数据库中的 Wine 数据集、Spect 数据集和 Ecoli 数据集三个数据集进行聚类，参数 $\varphi$ 如表 5.2 所示，提取的主成分个数如表 5.3 所示，实验结果如图 5.3 所示，聚类结果对比如表 5.4 所示。

表 5.1　三个数据的数据特征

| 数据集 | 实例 | 维数 | 类数 |
| --- | --- | --- | --- |
| Wine | 178 | 13 | 3 |
| Spect | 187 | 22 | 2 |
| Ecoli | 336 | 8 | 3 |

表 5.2　最佳聚类时的权系数

| 数据集 | 权系数 | | |
|---|---|---|---|
| | AP | PCA-AP | EWPCA-AP |
| Wine | 16 | 11 | 17 |
| Spect | 4 | 9 | 16 |
| Ecoli | 19 | 30 | 20 |

表 5.3　提取的主成分个数

| 数据集 | 实例 | 维数 | 类数 | 主成分个数 |
|---|---|---|---|---|
| Wine | 178 | 13 | 3 | 8 |
| Spect | 187 | 22 | 2 | 9 |
| Ecoli | 336 | 8 | 3 | 5 |

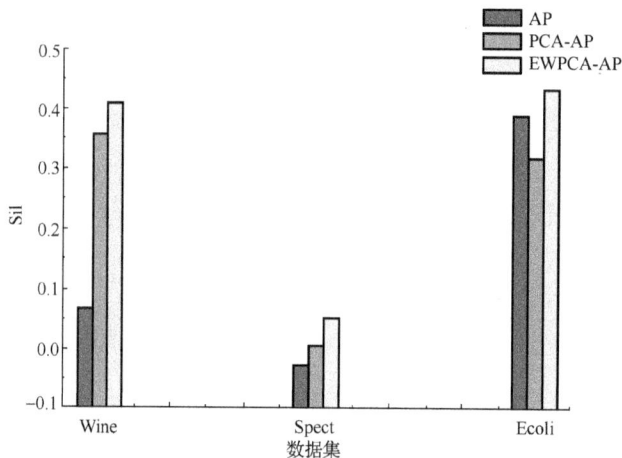

图 5.3　三个数据集的 Sil 指标对比

表 5.4　AP 算法、PCA-AP 算法和 EWPCA-AP 算法聚类结果对比

| 数据集 | 类数 | 最佳类数 | | |
|---|---|---|---|---|
| | | AP | PCA-AP | EWPCA-AP |
| Wine | 3 | 3 | 3 | 3 |
| Spect | 2 | 5 | 2 | 2 |
| Ecoli | 3 | 3 | 3 | 3 |

Sil 指标反映一个聚类结构的类内紧凑性和类间可分性，Sil 指标越大说明聚类质量越好。从图 5.3 可以看出，通过不断地筛选参数 $\varphi$，基于熵权法和主成分分析法的 AP 聚类算法的聚类精度不仅比传统的 AP 聚类算法高，而且比基于主成分分析法的 AP 聚类算法的聚类精度高。例如，Wine 数据集在传统的 AP 聚类算法中，通过程序模拟反复筛选参数 $\varphi$，Sil 指标都小于 0.1，而基于主成分分析法的 AP 聚类算法，通过程序模拟反复筛选参数 $\varphi$，Sil 指标明显提高，则聚类精度也高，但基于熵权法和主成分分析法的 AP 聚类算法，通过程序模拟反复筛选参数 $\varphi$，Sil 指标相比最高，其聚类精度也高。这充分说明基于熵权法和主成分分析法的 AP 聚类算法在处理高维数据样本时，能够明显地提高 Sil 指标。

从表 5.4 可以看出，通过程序模拟反复筛选参数 $\varphi$，当 Sil 指标达到最佳时，传统的 AP 聚类算法都无法达到实际类数，而基于主成分分析法的 AP 聚类算法和基于熵权法与主成分分析法的 AP 聚类算法都可以达到最佳类数。综上说明，改进的算法在处理高维数据样本时，能够明显地提高聚类性能。

通过不断手动调节偏向参数，达到最佳聚类时，对经典 AP 聚类算法和改进的 EWPCA-AP 聚类算法的收敛次数进行对比，对比结果如图 5.4 和图 5.5 所示。从图 5.4 和图 5.5，我们可以发现，改进的 EWPCA-AP 聚类算法的收敛速度相比经典 AP 聚类算法收敛次数要少，这说明本书提出的改进算法收敛速度更快。

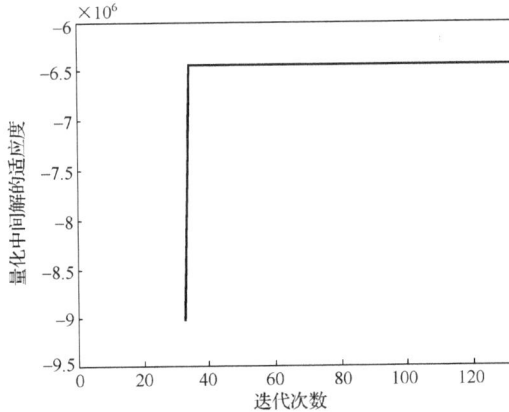

图 5.4　AP 算法的收敛次数

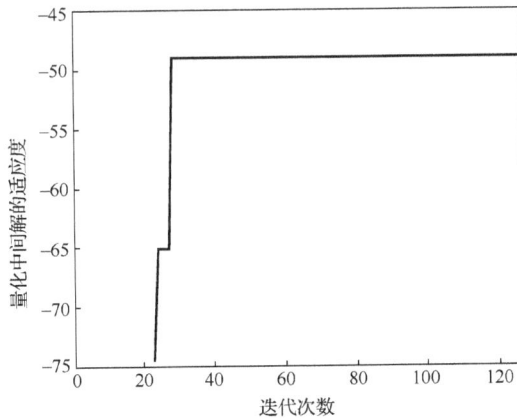

图 5.5　EWPCA-AP 算法的收敛次数

**3. 我国各地区经济指标评价**

通过 UCI 数据集已验证该算法的有效性，本章将其用于符合高维数据特点的我国 31 个省份（不含港、澳、台）财政收支情况的经济指标评价中，进行模拟聚类与分析。算法选取 12 个能反映各地区经济发展状况的经济指标：地区生产总值（gross domestic product，GDP）、人均 GDP、第一产业增加值、第二产业增加值、第三产业增加值、居民消费价格指数、全社会固定资产投资额、社会消费品零售总额、进口总额、出口总额、城镇居民家庭人均可支配收入、工业增加值[7]，其数据如表 5.5 所示，通过程序模拟反复筛选参数 $\varphi$，其聚类结果如表 5.6 所示。

表 5.5  我国 31 个省份（不含港、澳、台）的经济指标及相关数据

| 省份 | GDP/亿元 | GDPPC/元 | FDA/亿元 | SDA/亿元 | TDA/亿元 | CPI | SFAI/亿元 | RSCG/万元 | TI/万美元 | TE/万美元 | UHPCDI/元 | IA/亿元 |
|---|---|---|---|---|---|---|---|---|---|---|---|---|
| 北京市 | 19500.6 | 93213 | 161.8 | 4352.3 | 14986.4 | 103.3 | 6847.06 | 83751000 | 36585710.8 | 6324622.3 | 403210 | 3536.89 |
| 天津市 | 14370.2 | 99607 | 188.5 | 7276.7 | 6905 | 103.1 | 9130.25 | 44704000 | 7950339.9 | 4902477.8 | 32293.6 | 6678.6 |
| 河北省 | 28301.4 | 38716 | 3500.4 | 14762.1 | 10038.9 | 103 | 23194.23 | 104007000 | 2392030.1 | 3096267.9 | 22580 | 13194.76 |
| 山西省 | 12602.2 | 34813 | 773.8 | 6792.7 | 5035.8 | 103.1 | 11031.89 | 49883000 | 780135.3 | 799649.5 | 22456 | 6032.99 |
| 内蒙古自治区 | 16832.4 | 67498 | 1599.4 | 9084.2 | 6148.8 | 103.2 | 14215.49 | 50752000 | 789803 | 409474.7 | 25497 | 7944.4 |
| 辽宁省 | 27077.7 | 61686 | 2321.6 | 14269.5 | 10486.6 | 102.4 | 25107.65 | 105244000 | 4974412.2 | 6454057.2 | 25578 | 12510.27 |
| 吉林省 | 12981.5 | 47191 | 1509.3 | 6858.2 | 4613.9 | 102.9 | 10133.50 | 54264000 | 1909553 | 675701.3 | 22274.6 | 6033.35 |
| 黑龙江省 | 14382.9 | 37509.3 | 2516.8 | 5918.2 | 5947.9 | 102.2 | 12125.97 | 62057000 | 2264625.6 | 1623159 | 19597 | 5090.34 |
| 上海市 | 21602.1 | 90092 | 129.3 | 8027.8 | 13445.1 | 102.3 | 5647.79 | 80190000 | 23702899.3 | 20419686.4 | 43851.4 | 7236.69 |
| 江苏省 | 59161.8 | 74607 | 3646.1 | 29094 | 26421.6 | 102.3 | 36373.81 | 206565000 | 22198752.4 | 32885682.8 | 32538 | 25612.24 |
| 浙江省 | 37568.5 | 68462 | 1784.6 | 18446.7 | 17337.2 | 102.3 | 20777.11 | 151380000 | 8704243.5 | 24879195.4 | 37851 | 16368.43 |
| 安徽省 | 19038.9 | 31684 | 2348.1 | 10404 | 6286.8 | 102.4 | 18621.58 | 64814000 | 1737737 | 2825638.3 | 23114 | 8928.02 |
| 福建省 | 21759.6 | 57856 | 1936.3 | 11315.3 | 8508 | 102.5 | 15327.44 | 81504000 | 6284787.7 | 10650363.8 | 30816 | 9455.32 |
| 江西省 | 14338.5 | 31771 | 1636.5 | 7671.4 | 5030.6 | 102.5 | 12866.14 | 45511000 | 856860.8 | 2816971.2 | 21873 | 6434.41 |
| 山东省 | 54684.3 | 56323 | 4742.6 | 27422.5 | 22519.2 | 102.2 | 36789.08 | 217448000 | 13264856.5 | 13449911.1 | 28264 | 24222.16 |
| 河南省 | 32155.9 | 34174 | 4059 | 17806.4 | 10290.5 | 102.9 | 26220.92 | 122766000 | 2395892.8 | 3599205.7 | 22398.03 | 15960.6 |
| 湖北省 | 24668.5 | 42613 | 3098.2 | 12171.6 | 9398.8 | 102.8 | 19307.33 | 104659000 | 1355159.6 | 2283768 | 22906 | 10531.37 |
| 湖南省 | 24501.7 | 36763 | 3099.2 | 11517.4 | 9885.1 | 102.5 | 17846.35 | 89406000 | 1034356.3 | 1482082.7 | 23414 | 10001 |
| 广东省 | 62164 | 58540 | 3047.5 | 29427.5 | 29689 | 102.5 | 22307.85 | 254539000 | 45516589.8 | 63640373.3 | 33090.05 | 27426.26 |
| 广西壮族自治区 | 14378 | 30588 | 2343.6 | 6863 | 5171.4 | 102.2 | 11907.67 | 50831000 | 1414191 | 1869499.3 | 23305 | 5749.65 |
| 海南省 | 3146.5 | 35317 | 756.5 | 871.3 | 1518.7 | 102.8 | 2697.36 | 9719000 | 1127156.8 | 370634.9 | 22929 | 551.11 |
| 重庆市 | 12656.7 | 42795 | 1016.7 | 6397.9 | 5242 | 102.7 | 10429.57 | 45118000 | 2190660.9 | 4679749.2 | 25216 | 5249.65 |

续表

| 省份 | GDP/亿元 | GDPPC/元 | FDA/亿元 | SDA/亿元 | TDA/亿元 | CPI | SFAI/亿元 | RSCG/万元 | TI/万美元 | TE/万美元 | UHPCDI/元 | IA/亿元 |
| --- | --- | --- | --- | --- | --- | --- | --- | --- | --- | --- | --- | --- |
| 四川省 | 26260.8 | 32454 | 3425.6 | 13579 | 9256.1 | 102.8 | 20325.18 | 103354000 | 2264092.2 | 4195160.1 | 22368 | 11578.55 |
| 贵州省 | 8006.8 | 22922 | 1029.1 | 3243.7 | 3734 | 102.5 | 7373.60 | 22857000 | 140442 | 688582.8 | 20667.07 | 2686.52 |
| 云南省 | 11720.9 | 25083 | 1895.3 | 4927.8 | 4897.8 | 103.1 | 9968.30 | 40360000 | 987007.7 | 1595851.1 | 23235.5 | 3767.58 |
| 西藏自治区 | 807.7 | 26068 | 86.8 | 292.9 | 427.9 | 103.6 | 876 | 2932000 | 5033.7 | 326905 | 20023.4 | 61.16 |
| 陕西省 | 16045.2 | 42692 | 1526.1 | 8911.6 | 5607.5 | 103 | 14867.34 | 49385000 | 990285 | 1022408 | 22858 | 7507.34 |
| 甘肃省 | 6268 | 24296 | 879.4 | 2821 | 2567.6 | 103.2 | 6527.94 | 21738000 | 559969 | 467877.2 | 18964.78 | 2225.22 |
| 青海省 | 2101.1 | 36510 | 207.6 | 1204.3 | 689.2 | 103.9 | 2361.09 | 5441000 | 55530.5 | 84726.3 | 19498.5 | 970.53 |
| 宁夏回族自治区 | 2565.1 | 39420 | 223 | 1265 | 1077.1 | 103.4 | 2651.14 | 6105000 | 66544.9 | 255246.4 | 21833 | 944.5 |
| 新疆维吾尔自治区 | 8360.2 | 37847 | 1468.3 | 3766 | 3126 | 103.9 | 7724.46 | 20391500 | 529210.6 | 2226980.4 | 19874 | 3024.27 |

注：数据来源于 2014 年统计年鉴。

表 5.6　省（自治区、直辖市）级政府网站聚类结果

| 类别 | 城市 |
|------|------|
| 第一类 | 北京、上海、辽宁、广东、山东、河北、河南、江苏、湖北、湖南、安徽、浙江、四川、福建 |
| 第二类 | 黑龙江、吉林、内蒙古、天津、新疆、重庆、山西、陕西、甘肃、宁夏、青海、西藏、云南、贵州、广西、海南、江西 |

从表 5.6 可以看出，改进的 EWPCA-AP 聚类算法对我国 31 个省份聚类结果基本符合我国地区分布情况特点：东部沿海地区发达，西部地区欠发达。为了说明提出的聚类算法对我国地区经济评价具有可行性、实用性。本章将获得的两类地区经济的地区生产总值通过图示进行对比说明，如图 5.6 所示。

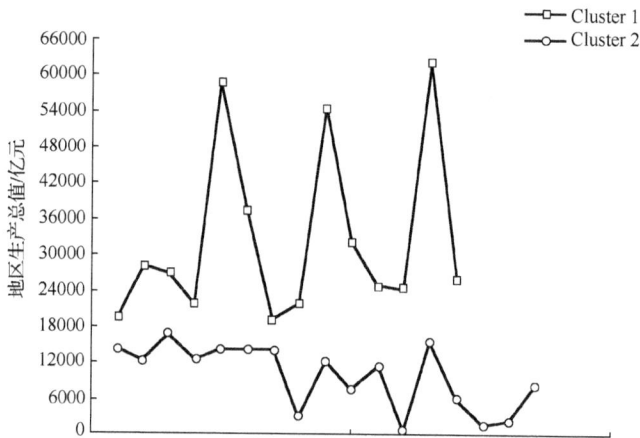

图 5.6　地区生产总值对比图

地区生产总值是指本地区所有常住单位在一定时期内生产活动的最终成果。它反映一个地区的经济表现，是衡量地区经济状况的最佳指标。从图 5.6 中可以发现，第一类地区的地区生产总值都高于第二类。这说明第一类地区的经济实力比较强，产业结构较为合理；而第二类地区的经济实力较为薄弱，产业结构有待改善等。同时应我国国家政策要求，我们应该优先在第二地区安排资源开发和基础设施建设项目，加大对第二类地区的扶贫力度，加强第一类地区与第二类地区的经济联合与技术合作，引导外资更多地投向第二类地区。

## 5.2　基于奇异值分解的自适应吸引子传播聚类算法

### 5.2.1　奇异值分解

奇异值分解是线性代数中一种重要的矩阵分解[8-10]，在最优化问题[11-13]、特征值问题[14,15]、语义检索[16-18]和图像压缩[19-21]等方面有十分重要的应用。给定 $X$ 为 $M \times N$ 阶矩阵，秩为 $r$，则存在 $M$ 阶正交矩阵 $U$，其列由 $XX^T$ 的特征向量构成，$N$ 阶正交矩阵 $V$，其行由 $X^TX$ 的特征向量组成，使得 $U^T XV = DV = UDV^T$，其中 $D = \begin{bmatrix} \Sigma & 0 \\ 0 & 0 \end{bmatrix}$，$\Sigma = \mathrm{diag}(\sigma_1, \sigma_2, \cdots, \sigma_r)$，而

$\sigma_i = \sqrt{\lambda_i}(i=1,2,\cdots,r)$，特征值 $\lambda_1 \geqslant \lambda_2 \geqslant \cdots \geqslant \lambda_r > 0$ 是矩阵 $X^TX$ 的非零特征值的全体，称 $\sigma_i(i=1,2,\cdots,r)$ 为 $X$ 的奇异值，而 $X=UDV^T$ 称为 $X$ 的奇异值分解。

### 5.2.2 基于奇异值分解的降维过程

首先，对于一个原始数据 $X_{m \times n}$，其中 $m$ 为样本数，$n$ 为样本属性个数，在 MATLAB 中调用函数 $[U, S, V]=\text{svd}(X)$ 返回一个与 $X$ 同型的对角矩阵 $S$，两个正交矩阵 $U$ 和 $V$，且满足 $X=USV^T$，其中 $U$ 为 $m$ 阶方阵，$V$ 为 $n$ 阶方阵。奇异值分布在矩阵 $S$ 的对角线上，都大于零且按降序排列。

然后，根据求得的 $S$ 奇异值矩阵，选取合适的 $k$ 个主成分，即从矩阵 $U$ 中选取 $k$ 个特征向量，记为 $U_k$，矩阵大小 $m \times k$，这样对于一个 $n$ 维的向量 $A$，即可降到 $k$ 维。再利用奇异值分解的逆过程得到原矩阵 $A$ 的近似矩阵 $\tilde{A}$，将矩阵 $\tilde{A}$ 和原矩阵 $A$ 对应的元素加和求平均，就可得到降噪后的数据矩阵 $A'$。

对于选取分量个数 $k$，本书根据信息损失率（error ratio）来判定，即

$$\text{error ratio} = 1 - \frac{\sum\limits_{i=1}^{k} S_{ii}}{\sum\limits_{i=1}^{n} S_{ii}} \leqslant 10\% \tag{5.15}$$

根据式（5.15）选定合适的 $k$ 主分量，设定一个空间维数自由度矩阵 $P_{nk}$，该矩阵是列正交矩阵，则 $A'_{m \times k} = \tilde{A}_{m \times n} P_{n \times k}$，就是基于奇异值分解的数据降维表达形式。

### 5.2.3 动态阻尼因子策略

AP 聚类算法有两个重要的调节参数，其一是偏向参数，聚类数目的多少很大程度上受该参数的影响；其二是阻尼因子，它不仅影响聚类数目，还对算法的收敛速度起决定性作用，阻尼因子选取不当将会导致算法出现振荡无法收敛，从而影响聚类效果。传统 AP 聚类算法默认阻尼因子是固定值，在算法的运行过程中始终不会改变，使得阻尼因子无法在算法运行的不同阶段根据数据的实际收敛情况自适应地调节，调动算法在不同阶段的全局搜索与局部搜索的性能，以达到最佳聚类结果。鉴于此，算法引入非线性函数策略，提出动态阻尼策略，根据每次能量函数的收敛情况自适应地调整阻尼系数，均衡算法在不同阶段全局搜索与局部搜索的程度，提升算法的收敛性能，获得最佳的聚类结果。

动态阻尼策略中阻尼系数初始值为 $\lambda_s$，最终值为 $\lambda_e$，最大迭代次数为 $t_{\max}$，当前迭代次数为 $t$，函数策略改变点的迭代次数为 $t_c$，则自适应动态阻尼策略为

$$\lambda = \begin{cases} \lambda_s - (\lambda_s - \lambda_e)\left(\dfrac{t}{t_c}\right)^2, & 0 \leqslant t \leqslant t_c \\ \dfrac{t}{1+t}, & t_c < t \leqslant t_{\max} \end{cases} \tag{5.16}$$

算法设定初始值 $\lambda_s=0.4$，最终值 $\lambda_e=0.9$，$t_c=100$，当 $0 \leqslant t \leqslant t_c$ 时，$\lambda$ 的取值范围是 $[0.4, 0.9]$，策略函数为凹函数，因此 $\lambda$ 是以缓慢的速度增长，保证算法初期以全局搜索为主，加快收

敛速度；当 $t_c<t\leqslant t_{max}$，$\lambda$ 的取值范围是（0.9，1），确保算法后期专注于局部搜索，避免发生振荡。

## 5.2.4  SVD-SAP 算法流程

SVD-SAP 算法流程如表 5.7 所示。

表 5.7  SVD-SAP 算法流程

| SVD-SAP 算法流程 |
| --- |
| 输入：数据集 $T_{m\times n}=\{x_1, x_2, \cdots, x_m\}$，相似度矩阵 $S(i,j)$，迭代次数 $t_{max}$ |
| 输出：各聚类中心点，Sil 指标，迭代次数 iter，消耗时间 time |
| 步骤 1：初始化 $r(i,k)=0$，$a(i,k)=0$ |
| 步骤 2：对数据矩阵奇异值分解：运用函数 $[U, S, V]=svd(A)$ 返回与 $A$ 同大小的对角矩阵 $S$ |
| 步骤 3：利用奇异值分解的逆过程得到原矩阵 $A$ 的近似矩阵 $\tilde{A}$，建立新的相似度矩阵 |
| 步骤 4：根据错失率条件选取分量个数 $k$，则 $A'_{m\times k}=\tilde{A}_{m\times n}\,P_{n\times k}$，就是基于奇异值分解的矩阵降维表示 |
| 步骤 5：利用 AP 原理，AP 中的 $r(i,k)$ 和 $a(i,k)$ 的按如下规则更新： |
|     令 $t=0$，$\lambda_s=0.9$，$\lambda_e=0.5$，使用式（5.16）更新阻尼系数； |
|     for $t=1$ to $t_{max}$ |
|         $r^{(t+1)}(i,k)\leftarrow(1-\lambda)r^{(t+1)}(i,k)+\lambda r^{(t)}(i,k)$  //动态阻尼系数更新 $R$ |
|         $a^{(t+1)}(i,k)\leftarrow(1-\lambda)a^{(t+1)}(i,k)+\lambda a^{(t)}(i,k)$  //动态阻尼系数更新 $A$ |
|     $t=t+1$; |
|     end |

## 5.2.5  仿真实验与分析

实验的计算机配置为：处理器为 Inter(R) Pentium 2.9 GHz，内存 4GB，硬盘为 500GB，操作系统为 XP 专业版，编程语言为 MATLAB 2012b。

### 1. 实验数据

为充分比较 SVD-AP 与 K-means、传统 AP 的聚类结果，实验数据来源于 UCI 数据集，并选取经典的 Wine、Glass、Ecoli 和 Pima 数据进行仿真实验，并以内部评价指标 Sil 对聚类结果的好坏进行评价。数据信息如表 5.8 所示。

表 5.8  UCI 数据集

| 数据集 | 样本数 | 维度 | 类数 |
| --- | --- | --- | --- |
| Wine | 178 | 13 | 3 |
| Glass | 214 | 10 | 6 |
| Ecoli | 272 | 7 | 3 |
| Pima | 768 | 8 | 2 |

### 2. 实验结果与分析

三种算法分别在 Wine、Glass、Ecoli 和 Pima 数据集上进行聚类测试，通过反复调节相关参数，使三种算法都得到相同聚类数目，以达到控制变量的目的，三种算法的聚类有效性、算法迭代次数分别如表 5.9、表 5.10、图 5.7 和图 5.8 所示。

表 5.9　聚类精度对比表

| 数据集 | 聚类精度 | | |
| --- | --- | --- | --- |
| | AP | K-means | SVD-AP |
| Wine | 0.2645 | 0.1876 | 0.5956 |
| Glass | 0.5032 | 0.4467 | 0.5207 |
| Ecoli | 0.3709 | 0.2879 | 0.3856 |
| Pima | 0.2849 | 0.2186 | 0.4046 |

表 5.10　迭代次数对比表

| 数据集 | 迭代次数 | | |
| --- | --- | --- | --- |
| | AP | K-means | SVD-AP |
| Wine | 2135 | 1964 | 184 |
| Glass | 5429 | 3473 | 1169 |
| Ecoli | 168 | 178 | 110 |
| Pima | 1063 | 405 | 304 |

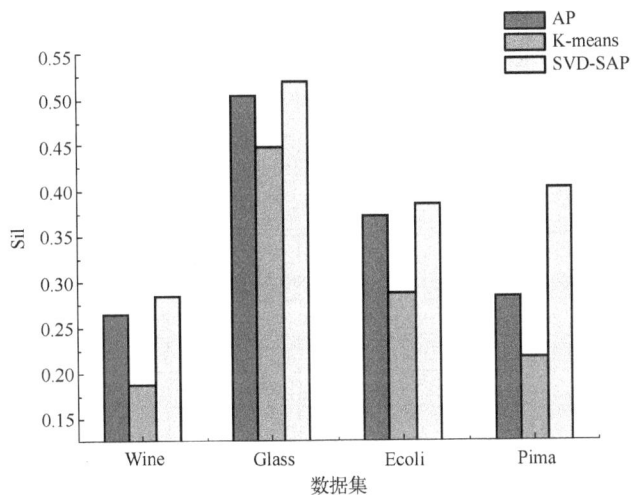

图 5.7　聚类精度对比图

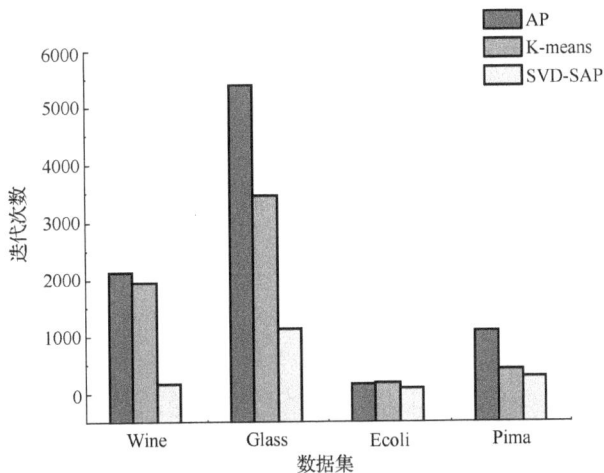

图 5.8　迭代次数对比图

根据聚类精度对比图和迭代次数对比图，不难发现：SVD-SAP、K-means 和传统 AP 三种算法在相同的聚类数目下，SVD-SAP 算法的聚类精度在所有测试数据集上都是最高的，尤其是在 Pima 数据集上有显著的提升，说明通过引入奇异值分解技术，起到了减少信息冗余性的作用，提高了算法的聚类性能；另外，在迭代次数上，提出的改进算法 SVD-SAP 收敛性能更加突出，尤其在 Wine 数据集上，迭代次数少于传统 AP 聚类算法的 1/3，充分说明 SVD-SAP 两种改进措施能够有效融合，在消除高维数据的噪声和信息冗余性的基础上，采用的动态阻尼策略能够在算法运行过程中合理地调节算法在不同阶段的搜索方式，在避免振荡的前提下，显著提升算法收敛速度，获得最佳聚类结果。

### 5.2.6　SVD-SAP 聚类算法在股市板块的应用

#### 1. 数据选取

算法所选取的数据来自于新浪财经公布的 2013 年 32 家家电行业上市公司的第三季度财务信息。并选取净资产收益率、利润率、毛利率、净利润、每股收益、营业收入、净利润增长率等七项反映上市公司盈利能力和成长能力的指标作为主要研究对象，采用书中提出的 SVD-SAP 聚类算法对其进行聚类分析，具体信息如表 5.11 所示。

表 5.11　2013 年家电业 32 家上市公司财务数据

| 代码 | 股票名称 | 净资产收益率/% | 净利率/% | 毛利率/% | 净利润/百万元 | 每股收益/元 | 营业收入/百万元 | 净利润增长率/% |
|---|---|---|---|---|---|---|---|---|
| 000016 | 深康佳 A | 5.02 | 0.28 | 16.72 | 41.57 | 0.03 | 14547.29 | 156.20 |
| 600336 | 澳柯玛 | 17.46 | 4.73 | 22.10 | 162.36 | 0.24 | 3431.55 | 141.57 |
| 000100 | TCL 集团 | 9.71 | 2.07 | 17.58 | 1264.98 | 0.15 | 61096.10 | 131.72 |
| 600839 | 四川长虹 | 2.24 | 0.73 | 15.92 | 310.39 | 0.07 | 42050.36 | 110.54 |
| 000651 | 格力电器 | 24.21 | 8.63 | 29.61 | 7578.70 | 2.52 | 87810.79 | 41.84 |
| ⋮ | ⋮ | ⋮ | ⋮ | ⋮ | ⋮ | ⋮ | ⋮ | ⋮ |
| 000333 | 美的集团 | 12.57 | 4.28 | 23.28 | 4018.03 | 2.38 | 93746.73 | 35.45 |
| 000521 | 美菱电器 | 6.56 | 2.41 | 24.24 | 205.13 | 0.27 | 8510.63 | 34.38 |
| 600060 | 海信电器 | 12.02 | 5.45 | 17.87 | 1126.91 | 0.86 | 20654.28 | 26.52 |
| 600690 | 青岛海尔 | 25.37 | 5.19 | 25.20 | 3457.81 | 1.28 | 66555.68 | 22.85 |
| 000418 | 小天鹅 A | 8.47 | 5.09 | 24.74 | 323.81 | 0.51 | 6350.11 | 12.32 |

#### 2. 聚类结果及分析

根据表 5.12 的聚类结果，结合对财务数据的特征分析，将家电行业 32 家上市公司进行分析与总结：①绩优类。净资产收益率和每股收益既是衡量企业盈利能力最重要的财务指标，也是投资者衡量绩优股的主要依据。在第一类的企业中，净资产收益率和每股收益都要明显高于其他类中的企业，并且还具有 20% 以上的净利润增长率，例如，海信科龙的净利润增长率甚至达到 97.5%，说明该类企业不但盈利能力强，而且具有良好的发展空间。②平稳类。第二类企业的财务特征总体较为相近，无论是净资产收益率、每股收益还是净利润增长率都处于行业的中间水平，说明该类企业具备一定的核心竞争力，拥有稳定的市场占有率。虽没有很高的盈利水平和成长劲头，但发展平稳。③成长类。与前两类企业相比，第三类企业虽然在盈利能力方面有所降低，但成长能力非常突出，例如，深康佳 A 的净资产收益率只有 5.02%，但其净利润增长率却达到了 156.2%。该类企业多为年轻的新进企业或是经过改革创新的企业，虽没有占据稳定的市场地位，但发展劲头强势。④低迷类。第四类企业是既没有较高盈利水平，净利润增长率也是负增长，企业发展呈颓废态势。

**表 5.12　家电行业 32 家上市公司聚类结果**

| 类别 | 股票名称 |
| --- | --- |
| 第一类 | 海信科龙、老板电器、格力电器、美的集团、海信电器、青岛海尔、奥马电器 |
| 第二类 | TCL 集团、苏泊尔、日出东方、合肥三洋、澳柯玛、九阳股份、万和电气、小天鹅 A、兆驰股份、阳光照明、浙江美大 |
| 第三类 | 华帝股份、美菱电器、佛山照明、万家乐、爱仕达、四川长虹、伊立浦、雪莱特、深康佳 A、奋达科技 |
| 第四类 | 德豪润达、禾盛新材、圣莱达、厦华电子 |

# 5.3　基于最小簇匹配的流形吸引子传播聚类算法

## 5.3.1　流形学习与流形距离

流形的基本性质就是局部上是欧氏的，若在保留流形拓扑或连接特性的条件下把流形数据表示在某种空间中[22]，流形学习就是从局部欧氏坐标进行建模整合，得到一个全局的低维嵌入，通过一定的逼近方法利用流形连续可微的性质进行流形学习[23]。欧氏空间本身就是一个特殊的流形，我们可以看到许多文献对于流形学习的研究都在欧氏空间进行，可视化地进行流形学习[24]。

流形的数学定义如下。假设 $M$ 是一个 $r$ 维流形数据，令 $f:M \rightarrow R^d$ 是一个光滑嵌入映射，$r<d$，数据样本 $X=\{x_1, x_2, \cdots, x_n\}$ 经过上述映射以后在高维空间形成数据集 $Z=\{Z_1, Z_2, \cdots, Z_n\}$。流形学习就是在没有关于 $M$ 和 $r$ 的条件下，根据映射后的数据集 $Z$ 与构建合理的映射函数 $x=f(y)$，在低维空间找到了准确的流形结构[25]。

流形学习也是一种无监督学习，主要目的就是通过观测样本的数据特征来捕捉潜在的流形结构，人脸识别等应用都存在不同的流形学习需求，流形学习逐渐成为数据挖掘、机器学习领域的热门问题，学者提出了许多算法，下面概述几种主要的流形学习算法。

（1）局部线性嵌入算法。算法的主要思想是对于一组具有嵌套流形的数据集，在嵌套空间与内在低维空间局部邻域间的点关系应该保持不变。即在嵌套空间每个采样点可以用它的吸引子点线性表示，在低维空间中保持每个邻域中的权值不变，重构原数据点，使重构误差最小[26]。设数据点 $X=\{x_1, x_2, \cdots, x_n\}$ 属于同一流形，并且每个数据点都可以用它的 $k$ 个吸引子表示[27]。

$$\varepsilon(W) = \Sigma_i \mid X_i - \Sigma_j W_{ij} X_j \mid^2 \tag{5.17}$$

利用上述代价函数计算权值 $W_{ij}$，求最优权值就是对于上述公式在两个约束条件下求解最小二乘问题，权值体现了数据间内在的几何关系。

保持权值不变，在低维空间上对原数据点进行重构，代价函数为

$$\varphi(Y) = \Sigma_i \mid Y_i - \Sigma_j W_{ij} Y_j \mid^2 = \Sigma_{i,j} M_{i,j}(Y_i Y_j) \tag{5.18}$$

为避免退化，同时要满足约束条件：$\Sigma_i Y_i = 0$，$\dfrac{1}{N} \Sigma_i Y_i Y_i^{\mathrm{T}} = 1$。

局部线性嵌入算法可以学习任意维数。低维流形局部线性嵌入算法中的待定参数很少，如 $K$ 和 $d$。局部线性嵌入算法中每个点的吸引子权值在平移、旋转、伸缩变换下是保持不变的[28]。局部线性嵌入算法有解析的整体最优解，不需迭代。局部线性嵌入算法归结为稀疏矩阵特征值计算，计算复杂度相对较小，容易执行。但是，局部线性嵌入算法要求所学习的流形只能是不闭合的且在局部是线性的，要求样本在流形上是稠密采样的，算法中的参数 $K$ 和 $d$ 有过多的选择，对样本中的噪声很敏感。

（2）多尺度变换（multidimensional scaling，MDS）算法。其是一种非监督的维数约简方法，基本思想是约简后低维空间中任意两点间的距离应该与它们在原始空间中的距离相同。MDS 的求解是通过适当定义准则函数来体现在低维空间中对高维距离的重建误差，对准则函数用梯度下降法求解，对某些特殊的距离可以推导出解析解法，对新样本的映射需要重新计算[29]。

（3）等距映射算法（isometric mapping，ISOMAP）。等距映射算法建立在多尺度变换的基础上，力求保持数据点的内在几何性质，即保持两点间的测地距离。等距映射算法假设高维数据所在的低维流形与欧氏空间的一个子集是整体等距的，与数据所在的流形等距的欧氏空间的子集是一个凸集[30]。等距映射算法的原理就是计算较近的两点时用欧氏距离，计算较远的点时用最短路径抓紧逼近。

等距映射算法首先计算每个点的吸引子点，用欧氏距离计算两点间的距离，形成一个赋权无向图，得到一个测地线距离矩阵 $D=\{d(x_i, x_j)\}$。对该距离矩阵运行多尺度变换算法，$H = -\dfrac{1}{2}\left[ I - \dfrac{1}{n}ee^{\mathrm{T}} \right] D \left[ I - \dfrac{1}{n}ee^{\mathrm{T}} \right]$，则 $H$ 最大的 $d$ 个特征值对应的特征向量构成矩阵 $U$，则获得 $Y = \mathrm{diag}(\lambda_1^{1/2}, \lambda_2^{1/2}, \cdots, \lambda_n^{1/2})U^{\mathrm{T}}$。

等距映射算法是非线性的，适用于学习内部平坦的低维流形，不适于学习有较大内在曲率的流形，等距映射算法中有两个待定参数 $K$ 和 $d$，其计算图上两点间的最短距离，执行起来比较慢。

（4）拉普拉斯特征映射（Laplacian eigenmap）。Laplacian 本征映射算法利用了流形上 Laplacian-Beltrami 算子的性质来计算高维数据的低维表示，具有简单的几何思想和坚实的数学基础。Laplacian-Beltrami 算子定义为流形切空间上梯度向量的负散度函数，流形的低维嵌入可通过求 Laplacian-Beltrami 算子的特征函数来实现。根据谱图理论，如果数据均匀采样自高维空间中的低维流形，流形上 Laplacian-Beltrami 算子可以通过图的 Laplacian 逼近，而流形上 Laplacian-Beltrami 算子的特征函数的离散逼近就是图的 Laplacian 矩阵最小的几个特征值对应的特征向量[31]。

拉普拉斯映射算法从样本点构建一个吸引子图，图的顶点为样本点，离得很近的两点

用边相连。然后用热核方法给每条边进行赋权：$W_{ij} = e^{\frac{\|x_i - x_j\|^2}{t}}$，求解广义特征向量，$L_y = \lambda D y$。最小特征值对应的特征向量即为所求映射向量[32,33]。

拉普拉斯特征映射是局部的非线性方法，与谱图理论有很紧密的联系，算法中有两个参数 $K$ 和 $d$，算法通过求解稀疏矩阵的特征值问题解析地求出整体最优解，算法使原空间中离得很近的点在低维空间也离得很近，可以用于聚类。

总的来说，上述算法都是非参数的方法，不需要对流形有很多的参数假设，它们是非线性的方法，都基于流形的内在几何结构，更能体现现实中数据的本质，算法的求解简单，都转化为求解特征值问题，而不需要用迭代算法。

## 5.3.2　一种基于图的流形距离

流形聚类是一种重要的研究方向，传统的 AP 聚类算法无法识别流形数据结构。流形数据有很多种，而低维空间中，有高密度分离、包含、覆盖、咬合、不同密度邻接、密度邻接等，本章所提出的基于图的流形距离只适用于流形结构间界限明显的类簇。

首先建立一个无向图，如图 5.9 所示。无向图 $G=(V, E)$ 在传统吸引子传播算法聚类结果的基础上进行。首先要进行第一次聚类，各项参数都要以获得最小簇为基准，尽量多地产生局部的最小簇，最小簇内部结构越单一，则越有利于进行后续的流形聚类。所以 AP 聚类算法的参数 Preference 尽量小，一般设置为相似性矩阵对角线的最小值，如果因为参数 Preference 过小导致传统 AP 不收敛或者聚类结果失真，则慢慢以 $P_{step}=0.5$ 的步速调整参数 Preference，直到符合条件的聚类结果生成。然后在每个单一类簇内建立无向图，该无向图有以下特征：从其中一点到达任意一点有且只有一条路线，其中一个节点都可以到达任意一个节点。建立无向图以后，每个节点代表一个数据点，每条边代表对应节点的相似度。开始计算基于图的流形距离的各项参数。

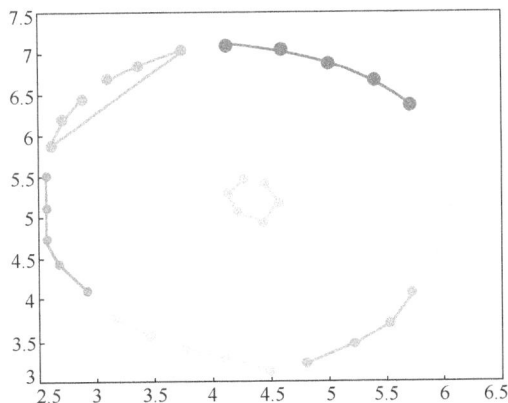

图 5.9　无向图（见彩图）

本书提出的流形距离有两个重要参数，类内紧密度（inter-class density，ICD）和类间拓扑距离（intra-class topological distance，ICTD）。

**定义 5.1**（类内紧密度）　　如图 5.9 所示，构建类内数据点连续无向图 $G = (V, E)$，$G$ 中每个顶点有且只有唯一一条路径到达任意一点。如式（5.19）所示，类内紧密度是 $G$ 中最小 $V$ 的权重。

$$\text{ICD} = \min\left\{E \in G_{C_i}\right\} \tag{5.19}$$

**定义 5.2**（类间拓扑距离）　　描述流形结构之间的差距，同一流形的类簇聚成一类。如式（5.20）所示，类间拓扑距离即是类内最稀疏点和流形结构上其他类簇点的最小值与类内紧密度的差，正差值越大，另一类簇与该类簇的流形结构差距越大，差值为负，则两类更适合合并。

$$\begin{cases} E_{\max} \in \max\left\{E \in G_{C_i}\right\} \\ \text{ICTD} = \min\left\{S\big((V \in E_{\max}), l\big)\right\} - \text{ICD}, \quad l \in \left\{C_{s \neq i}\right\} \end{cases} \tag{5.20}$$

### 5.3.3　基于最小簇匹配的流形聚类算法

吸引子传播算法无法识别流形数据结构，本章中提出一种基于最小簇匹配的快速层次聚类算法，用于界限明显的多流形数据聚类。该算法可以利用某种算法的聚类结果为初始输入参数，逐步合并流形上的最小簇，实现低维流形结构的聚类集成，选择传统吸引子传播算法生成初始类簇。算法过程描述如下：计算数据间的距离，$s(i, k) = \|x_i - x_k\|$，存储所有最小类簇。如图 5.9 所示，构建类内数据点吸引子无向图 $G = (V, E)$，$V$ 的权重即是数据点间的距离，任选一个类 $C_1 \in \{C_i, i = 1, 2, \cdots, n\}$，计算 IDC 和 ICTD，若 ICTD 大于 0，则继续计算当前类与下一类簇的 ICTD，直到 ICTD 小于 0，合并两类 $C_1 = \{C_1, C_i\}$，即 $C_i$ 是 $C_1$ 的可合并类，找出所有类的可合并类，并提取类标签形成判断矩阵 $C$，对于界限明显的多流形数据结构，$C$ 中存在一条或者多条连续标签号组成的路径，改路径起始点和断点就是流形上的所有类簇，最终形成一个完整的类。断点出现，算法自动从 $C$ 中剩余行向量开始重新寻找一条连续标签路径。直到 $C$ 为空，算法结束。

### 5.3.4　仿真模拟实验与分析

如图 5.10～图 5.12 所示，选用文献[33]的流形数据集 Jain、人工数据集 Concentric circle 和 Spiral 验证 MMHC 算法，利用第 3 章提出的 CRAP 算法和本章提出的 MMHC 算法、传统 AP 聚类算法分别聚类，结果显示，MMHC 算法能够清晰地分辨流形拓扑结构，实现流形聚类。三组图形中，图 5.10(a)是用传统 AP 聚类算法聚类而来，正是利用了其对于球形簇识别度高的优势，形成较为细小的簇。图 5.12 是 Spiral 数据，每一条线都由不同类组成。每组图形中的第二个图形是由第 3 章中提出的基于约束规则的算法运行得到的，经过优化参数以后，能够明显地看到传统 AP 聚类算法的劣势，球形簇不断扩大，完全没有考虑整体的数据特征，陷入了一种局部聚类过程。所以需要用本章提出的 MMHC 算法进行二次聚类，利用 AP 聚类算法的凸集聚类能力，识别数据集的整体结构。

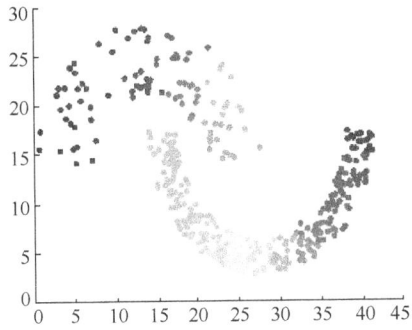

(a) AP聚类算法

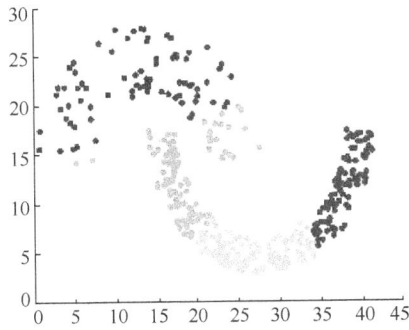

(b) CRAP算法

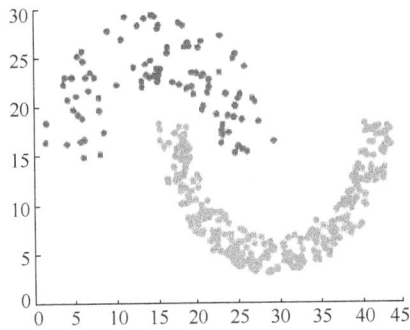

(c) MMHC算法

图 5.10 Jain 数据聚类结果（见彩图）

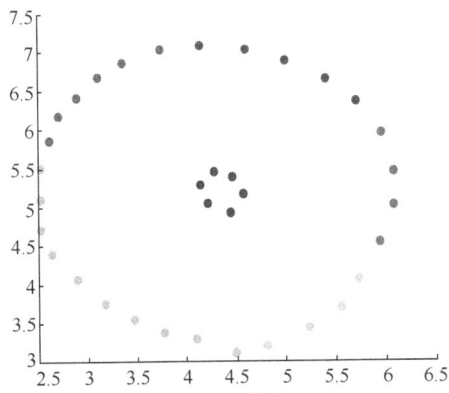

(a) AP算法

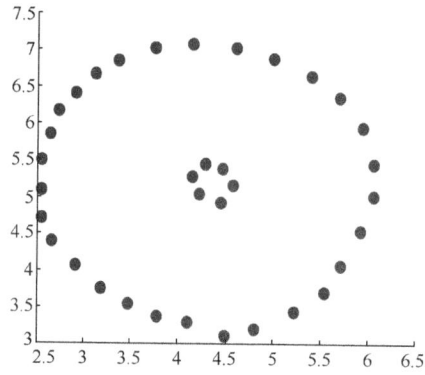

(b) CRAP算法

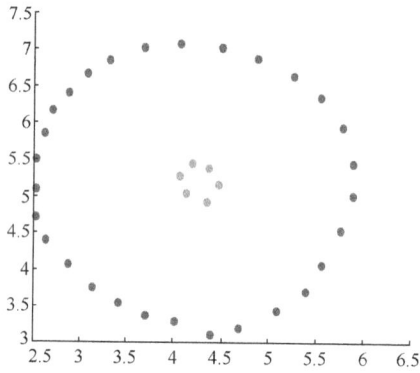

(c) MMHC算法

图 5.11　Concentric circle 数据聚类结果（见彩图）

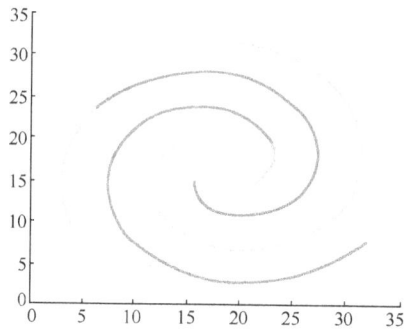

(a) AP聚类算法

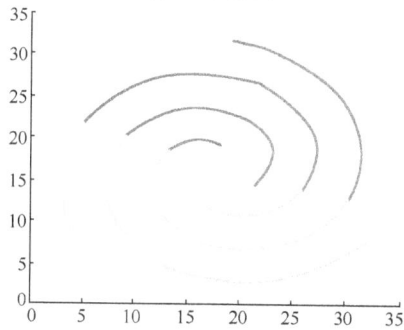

(b) CRAP算法

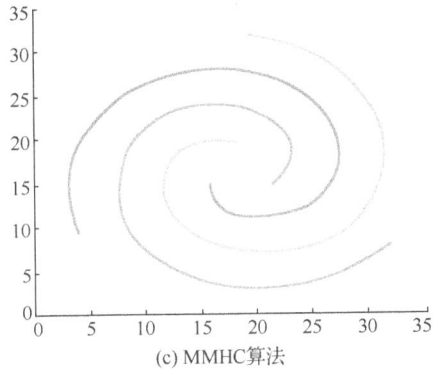

(c) MMHC算法

图 5.12　Spiral 数据聚类结果（见彩图）

# 5.4　融合多指标面板数据的上市公司绩效评价模型

基于上市公司绩效评价的金融数据挖掘是一个极具挑战性的研究方向，其是基于金融数据的知识发现。AP 聚类算法是近年来提出的一个高效聚类算法，本章重点研究 AP 模型的建模，为提高具有先验知识样本的学习效率，在原算法基础上引入半监督学习策略，并融合多指标面板数据进行分析，提出一种综合评价模型，即（semi-supervised affinity propagation algorithm fuses multiple panel data，SMAP）聚类算法。为上市公司评价、金融管理与决策等领域提供了一个更加有效的方法。

## 5.4.1　多指标面板数据的二维表形式

多指标面板数据的结构相对来说要复杂一些，具有三个维度：时间维度、样本维度、指标维度，如图 5.13 所示。

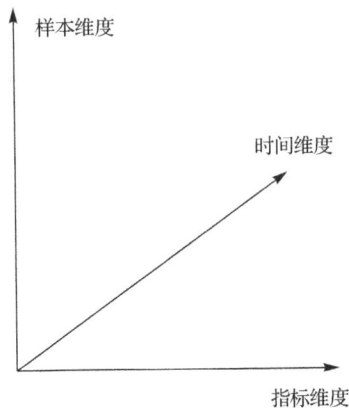

图 5.13　多指标面板数据结构图

为了更清晰地展现多指标面板数据形式，可将其转换成一个二维表的形式，如表 5.13 所示。样本总量为 $N$ 个，每个样本指标用 $M_j$ 表示（$j=1,2,3,\cdots,p$），时间长度用 $T$ 表示。其中，$X_{ij}(t)$ 表示第 $i$ 个样本在 $t$ 时间的第 $j$ 个指标数值。因此，我们可以从多指标面板数据

中获得三个方面的重要信息：一是某一时间样本每个指标的数值；二是样本每个指标的变化增量，即

$$Growth = X_{ij}(t+1) - X_{ij}(t) \qquad (5.21)$$

三是样本每个指标增量的变化快慢程度，即

$$Growth\_rate = \frac{X_{ij}(t+1) - X_{ij}(t)}{X_{ij}(t)} \qquad (5.22)$$

表 5.13　多指标面板数据二维表

| 时间 | 1 | ... | $t$ | ... | $T$ |
|---|---|---|---|---|---|
| 样本 | 属性 | | | | |
| | $M_1 \cdots M_j \cdots M_p$ | ... | $M_1 \cdots M_j \cdots M_p$ | ... | $M_1 \cdots M_j \cdots M_p$ |
| 1 | $X_{11}(1) \cdots X_{1j}(1) \cdots X_{1p}(1)$ | ... | $X_{11}(t) \cdots X_{1j}(t) \cdots X_{1p}(t)$ | ... | $X_{11}(T) \cdots X_{1j}(T) \cdots X_{1p}(T)$ |
| 2 | $X_{21}(1) \cdots X_{2j}(1) \cdots X_{2p}(1)$ | ... | $X_{21}(t) \cdots X_{2j}(t) \cdots X_{2p}(t)$ | ... | $X_{21}(T) \cdots X_{2j}(T) \cdots X_{2p}(T)$ |
| 3 | $X_{31}(1) \cdots X_{3j}(1) \cdots X_{3p}(1)$ | ... | $X_{31}(t) \cdots X_{3j}(t) \cdots X_{3p}(t)$ | ... | $X_{31}(T) \cdots X_{3j}(T) \cdots X_{3p}(T)$ |
| ⋮ | ⋮ | | ⋮ | | ⋮ |
| $i$ | $X_{i1}(1) \cdots X_{ij}(1) \cdots X_{ip}(1)$ | ... | $X_{i1}(t) \cdots X_{ij}(t) \cdots X_{ip}(t)$ | ... | $X_{i1}(T) \cdots X_{ij}(T) \cdots X_{ip}(T)$ |
| ⋮ | ⋮ | | ⋮ | | ⋮ |
| $N$ | $X_{N1}(1) \cdots X_{Nj}(1) \cdots X_{Np}(1)$ | ... | $X_{N1}(t) \cdots X_{Nj}(t) \cdots X_{Np}(t)$ | ... | $X_{N1}(T) \cdots X_{Nj}(T) \cdots X_{Np}(T)$ |

## 5.4.2　多指标面板数据的相似度

本章提取了多指标面板数据时间维度上所包含的信息，即样本每个指标数值、指标变化增量、增量变化快慢程度。选择欧氏距离公式作为相似度度量公式，则样本 $u$ 和样本 $v$ 的相似度计算公式为

$$S(u,v) = -\sqrt{(X_u - X_v)(X_u - X_v)^{\mathrm{T}}} \qquad (5.23)$$

$X_i = (X_i(1) \cdots X_i(t) \cdots X_i(T) \cdots Growth(1) \cdots Growth(t) \cdots Growth(T-1) \cdots Growth\_rate(1)$
$\cdots Growth\_rate(t) \cdots Growth\_rate(T-2))$

其中，$X_i$ 表示第 $i$ 个样本；$X_i(t)$ 表示第 $i$ 个样本 $t$ 时刻指标值；$Growth(t)$ 表示样本第 $i$ 个样本 $t$ 时刻指标变化增量；$Growth\_rate(t)$ 表示第 $i$ 个样本 $t$ 时刻指标增量的变化快慢程度。

根据先验信息按照半监督聚类相似度调整原则对相似度进行调整。

## 5.4.3　融合多指标面板数据的半监督吸引子传播聚类算法流程

融合多指标面板数据的半监督 AP 聚类算法具体流程如下。

（1）初始化矩阵 $A$，$a(i,k)=0$，根据式（5.23）计算相似度矩阵 $S$，并按照先验信息对相似度矩阵进行调整。偏向参数 $P$ 计算公式为

$$P = \frac{\varphi \sum_{i,j=1;i \neq j}^{N} s(i,j)}{N(N-1)} \qquad (5.24)$$

其中，$\varphi$ 为调节权；$N$ 为样本数。

（2）按式（5.25）～式（5.28）更新矩阵 $A$ 与矩阵 $R$，本章选取 $\lambda$ 为默认值 0.5。

$$r(i,k) = s(i,k) - \max_{k's.t.k'\neq k}\left\{a(i,k') + s(i,k')\right\} \tag{5.25}$$

$$a(i,k) = \begin{cases} \min\left\{0, r(k,k) + \sum_{i's.t.i'\notin\{i,k\}}\max\{0, r(i',k)\}\right\}, & i \neq k \\ \sum_{i's.t.i'\neq k}\max\{0, r(i',k)\}, & i = k \end{cases} \tag{5.26}$$

$$r(i,k)^{(t+1)} = \lambda \cdot r(i,k)^{(t)} + (1-\lambda) \cdot r(i,k)^{(t-1)} \tag{5.27}$$

$$a(i,k)^{(t+1)} = \lambda \cdot a(i,k)^{(t)} + (1-\lambda) \cdot a(i,k)^{(t-1)} \tag{5.28}$$

（3）根据式（5.29）获得相应的类代表点。

$$\arg\max_k\left(a(i,k) + r(i,k)\right) \tag{5.29}$$

（4）若方法达到最大迭代次数或类代表点在若干次迭代中不发生改变，则方法结束；否则，返回（2）继续迭代。

## 5.4.4　实证分析

本章选取了 100 家 A 股上市公司 2010～2012 年报财务数据作为研究对象，这些数据均来自 RESSET 金融研究数据库。上市公司绩效评价具体指标为：每股收益、每股净资产、净资产收益率、主营业务利润率。

### 1. 数据预处理

在聚类分析之前需要将原始数据标准化，转换为无量纲的数值，标准化公式为

$$x_{ij} = \frac{(x_{ij} - \hat{x}_j)}{S_j} \tag{5.30}$$

$$\hat{x}_j = \frac{1}{n}\sum_{i=1}^{n} x_{ij} \tag{5.31}$$

$$S_j = \sqrt{\frac{1}{n}\sum_{i=1}^{n}(x_{ij} - \hat{x}_j)^2} \tag{5.32}$$

其中，$x_{ij}$ 中的 $i$ 是指上市公司的数量；$j$ 指上市公司的评价指标；$x_{ij}$ 表示标准化后的数据；$\hat{x}_j$ 表示指标 $j$ 的均值；$S_j$ 表示指标 $j$ 的方差。

### 2. 结果对比与分析

为了验证本章所提出的融合多指标面板数据的半监督 AP 聚类算法在上市公司绩效评价领域的科学性、实用性。本章将其聚类结果与 AP 聚类算法进行对比分析。其中，AP 聚类算法聚类结果如表 5.14 所示，本章提出的上市绩效评价模型获得的结果如表 5.15 所示。

表 5.14　AP 算法聚类结果表

| 类别 | 上市公司股票代码 | | | | |
|---|---|---|---|---|---|
| 第一类 | 000002 | 000024 | 000028 | 000042 | 000338 |
| | 000400 | 000422 | 000425 | 000513 | 000527 |
| 第二类 | 000019 | 000027 | 000039 | 000059 | 000089 |
| | 000090 | 000099 | 000159 | 000401 | 000402 |
| | 000418 | 000488 | 000521 | 000525 | 000528 |
| 第三类 | 000011 | 000022 | 000032 | 000040 | 000043 |
| | 000049 | 000062 | 000065 | 000069 | 000157 |
| | 000413 | 000417 | 000423 | 000501 | 000522 |
| 第四类 | 000004 | 000005 | 000009 | 000010 | 000014 |
| | 000026 | 000033 | 000036 | 000046 | 000088 |
| | 000153 | 000155 | 000426 | 000428 | 000502 |
| | 000503 | 000504 | 000518 | 000524 | 000530 |
| 第五类 | 000012 | 000016 | 000018 | 000020 | 000021 |
| | 000023 | 000025 | 000029 | 000031 | 000037 |
| | 000045 | 000050 | 000055 | 000058 | 000060 |
| | 000063 | 000066 | 000070 | 000078 | 000096 |
| | 000100 | 000150 | 000151 | 000158 | 000301 |
| | 000404 | 000407 | 000410 | 000411 | 000416 |
| | 000419 | 000420 | 000421 | 000507 | 000510 |
| | 000511 | 000514 | 000519 | 000523 | 000529 |

表 5.15　融合多指标面板数据的半监督 AP 算法聚类结果表

| 类别 | 上市公司股票代码 | | | | |
|---|---|---|---|---|---|
| 第一类 | 000002 | 000011 | 000022 | 000024 | 000028 |
| | 000039 | 000042 | 000043 | 000049 | 000065 |
| | 000069 | 000157 | 000400 | 000402 | 000411 |
| | 000413 | 000423 | 000501 | 000513 | 000522 |
| | 000527 | | | | |
| 第二类 | 000010 | 000338 | 000425 | 000504 | 000528 |
| 第三类 | 000004 | 000005 | 000009 | 000012 | 000014 |
| | 000016 | 000019 | 000020 | 000021 | 000023 |
| | 000025 | 000026 | 000027 | 000029 | 000031 |
| | 000032 | 000036 | 000040 | 000046 | 000050 |
| | 000055 | 000058 | 000059 | 000060 | 000062 |
| | 000070 | 000078 | 000088 | 000089 | 000090 |
| | 000096 | 000099 | 000100 | 000150 | 000151 |
| | 000153 | 000155 | 000158 | 000159 | 000301 |
| | 000404 | 000410 | 000416 | 000418 | 000420 |
| | 000421 | 000426 | 000428 | 000488 | 000503 |
| | 000510 | 000511 | 000514 | 000518 | 000519 |
| | 000521 | 000523 | 000524 | 000525 | 000529 |
| | 000530 | | | | |
| 第四类 | 000401 | 000417 | 000419 | 000422 | 000507 |
| 第五类 | 000018 | 000033 | 000037 | 000045 | 000063 |
| | 000066 | 000407 | 000502 | | |

通过对比可以看出，表 5.14 中将一些经营效果好、业绩优良的一些上市公司聚到多个类中，如山东东阿阿胶股份有限公司（000423）、深圳市德赛电池科技股份有限公司（000049）等被分散到不同的类中。其聚类结果与上市公司实际经营情况不相符。综合比较表 5.15 所得到的聚类结果较佳。图 5.14 和图 5.15 为融合多指标面板数据的半监督 AP 算法聚类结果中第一类与第五类上市公司每股收益和资产收益率对比图。从图 5.14、图 5.15 可以发现，第一类上市公司的每股收益均超过 0.3 元，资产收益率均超过 10%，而第五类上市公司的这两个指标均为负值。每股收益是反映上市公司获利能力的重要指标，其值越高表面公司获利能力越强；净资产收益率体现企业资产综合利用效果的指标，净资产收益率越高，说明企业资产的利用效率越高，利用资产创造的利润越多，整个企业的获利能力也就越强，企业经营管理水平越高。对于投资者而言，每股收益和净资产收益率这两个指标值越大越好。

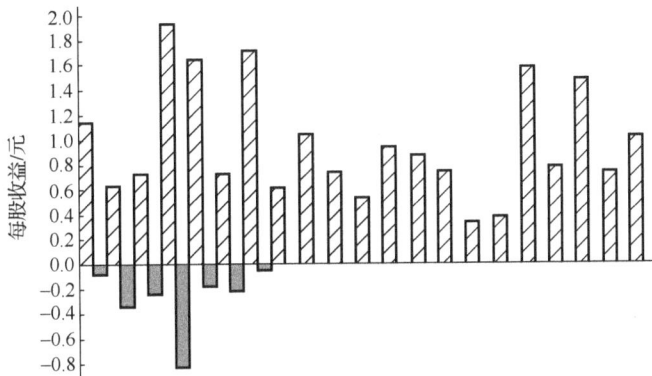

图 5.14　每股收益对比图

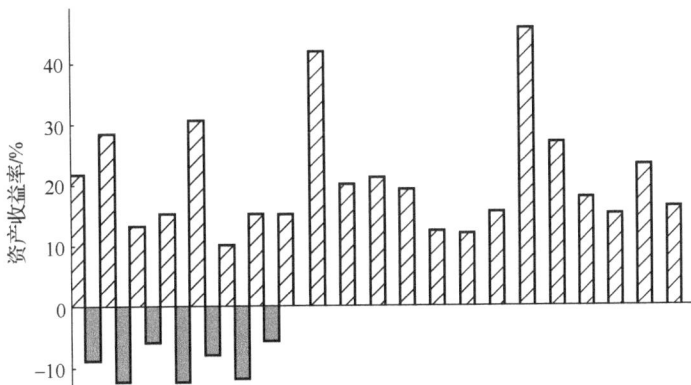

图 5.15　资产收益率对比图

在实际评价某一特定上市公司的经营绩效率时，首先应与该公司前期经营水平相比，以确定该年度的盈利情况；其次，应将连续几年的财务数据进行比较，以观察公司的变动趋势。为了充分地说明融合多指标面板数据的半监督 AP 模型在上市公司绩效评价领域的科学性、高效性，本章给出表 5.16 中第一类（绩优股）和第五类（绩差股）上市公司的详细数据，如表 5.16（绩优股表）和表 5.17（绩差股表）所示，并进行了纵向分析。

表 5.16  绩优股表

| 公司全称 | 股票代码 | 每股收益/元 | 每股净资产/元 | 净资产收益率/% | 主营业务利润率/% |
|---|---|---|---|---|---|
| 万科企业股份有限公司 | 000002 | 1.14 | 5.805 | 21.493 | 0.2594 |
| 深圳市物业发展（集团）股份有限公司 | 000011 | 0.6299 | 2.522 | 28.3947 | 0.3849 |
| 深圳赤湾港航股份有限公司 | 000022 | 0.724 | 5.7045 | 13.0735 | 0.4347 |
| 招商局地产控股股份有限公司 | 000024 | 1.9323 | 13.62 | 15.1478 | 0.2725 |
| 国药集团一致药业股份有限公司 | 000028 | 1.65 | 6.163 | 30.4406 | 0.0779 |
| 中国国际海运集装箱（集团）股份有限公司 | 000039 | 0.73 | 7.33 | 10.1665 | 0.1811 |
| 深圳市长城投资控股股份有限公司 | 000042 | 1.72 | 12.1147 | 15.1746 | 0.214 |
| 中航地产股份有限公司 | 000043 | 0.6214 | 4.378 | 15.0275 | 0.2247 |
| 深圳市德赛电池科技股份有限公司 | 000049 | 1.0498 | 2.6975 | 42.0292 | 0.1552 |
| 北方国际合作股份有限公司 | 000065 | 0.74 | 4.025 | 19.9902 | 0.0564 |
| 深圳华侨城股份有限公司 | 000069 | 0.5294 | 2.74 | 21.2641 | 0.3335 |
| 中联重科股份有限公司 | 000157 | 0.95 | 5.29 | 19.2267 | 0.2213 |
| 许继电气股份有限公司 | 000400 | 0.88 | 7.41 | 12.4635 | 0.2599 |
| 金融街控股股份有限公司 | 000402 | 0.75 | 6.539 | 11.9725 | 0.1876 |
| 浙江英特集团股份有限公司 | 000411 | 0.33 | 2.2568 | 15.5192 | 0.0727 |
| 石家庄宝石电子玻璃股份有限公司 | 000413 | 0.37 | 1.0233 | 45.696 | 0.5583 |
| 山东东阿阿胶股份有限公司 | 000423 | 1.5905 | 6.493 | 27.123 | 0.7542 |
| 武汉武商集团股份有限公司 | 000501 | 0.79 | 4.7917 | 18.0024 | 0.1924 |
| 丽珠医药集团股份有限公司 | 000513 | 1.49 | 10.17 | 15.0968 | 0.5755 |
| 广州白云山制药股份有限公司 | 000522 | 0.744 | 3.55 | 23.1806 | 0.3387 |
| 广东美的电器股份有限公司 | 000527 | 1.03 | 6.5198 | 16.5273 | 0.2513 |

表 5.17  绩差股表

| 公司全称 | 股票代码 | 每股收益/元 | 每股净资产/元 | 净资产收益率/% | 主营业务利润率/% |
|---|---|---|---|---|---|
| 深圳新都酒店股份有限公司 | 000033 | −0.0773 | 0.81 | −9.0614 | 0.4476 |
| 深圳南山热电股份有限公司 | 000037 | −0.34 | 2.5697 | −12.3827 | −0.5622 |
| 深圳市纺织（集团）股份有限公司 | 000045 | −0.24 | 3.872 | −6.0606 | 0.0089 |
| 中兴通讯股份有限公司 | 000063 | −0.83 | 6.251 | −12.4238 | 0.2188 |
| 中国长城计算机深圳股份有限公司 | 000066 | −0.181 | 2.132 | −8.023 | 0.0848 |
| 山东胜利股份有限公司 | 000407 | −0.22 | 1.6848 | −12.0525 | 0.0743 |
| 绿景控股股份有限公司 | 000502 | −0.06 | 1.047 | −5.7343 | 0.5285 |

与 AP 聚类算法相比本章提出绩效评价模型在绩优股筛选方面多出深圳市物业发展（集团）股份有限公司（000011）、中航地产股份有限公司（000043）、深圳市德赛电池科技股份有限公司（000049）、深圳华侨城股份有限公司（000069）、浙江英特集团股份有限公司（000411）、石家庄宝石电子玻璃股份有限公司（000413）、广州白云山制药股份有限公司（000522）等，剔除了徐工集团工程机械股份有限公司（000425）、湖北宜化化工股份有限公司（000422）、潍柴动力股份有限公司（000338）。从增加的几家上市公司来看，各项

评价指标数据都处于较高水平，且稳中有升。如深圳市物业发展（集团）股份有限公司（000011），每股收益从 2010 年的 0.2936 元增长到 2012 年的 0.6229 元，增长 112.16%；每股净资产从 2010 年的 1.4668 元增长到 2012 年的 2.522 元，增长 71.94%；净资产收益率从 2010 年的 22.7918%增长到 2012 年的 28.3947%，增长 24.58%；主营业务利润率从 2010 年的 0.2868%增长到 2012 年的 0.3849%，增长 34.21%。再从剔除的三家上市公司来看，每股收益与净资产收益率出现了连续三年下降，其中每股收益从 2010 年到 2012 年徐工集团工程机械股份有限公司下降了 2.02 元，湖北宜化化工股份有限公司下降了 0.091 元，潍柴动力股份有限公司下降了 2.57 元，潍柴动力股份有限公司降幅最大，为 171.33%；净资产收益率从 2010 年到 2012 年徐工集团工程机械股份有限公司下降了 20.495%，湖北宜化化工股份有限公司下降了 8.164%，潍柴动力股份有限公司下降了 32.29%，潍柴动力股份有限公司降幅最大，为 257.87%。表 5.14 中的上市公司每股收益和净资产收益率均为负值，连续三年的综合财务状况不佳，与表 5.15 中的上市公司相比竞争力明显不足，经营业绩上有一定差距。因此，投资者应该谨慎介入。

## 参 考 文 献

[ 1 ] 王保雪. 基于 DEMATEL-熵权法云南多维贫困指标的权重研究. 昆明：云南财经大学，2014.

[ 2 ] 冯运卿，李雪梅，李学伟. 基于熵权法与灰色关联分析的铁路安全综合评价. 安全与环境学报，2014，2: 73-79.

[ 3 ] 黄艳香，宋永发. 对城市轨道交通周边住房价格影响因素的研究——基于 AHP 与熵权法. 工程管理学报，2014，3: 57-61.

[ 4 ] Borile C, Labarre M, Franz S, et al. Using affinity propagation for identifying subspecies among clonal organisms: Lessons from M. tuberculosis. BMC Bioinformatics, 2011, 12(1): 224.

[ 5 ] 张瑞寒. 基于主成分分析和聚类分析的城市经济发展研究. 科技信息，2013，14: 119-120.

[ 6 ] Wang L M, Zhang L, Han X M, et al. An improved affinity propagation clustering algorithm based on principal component analysis and variation coefficient. International Journal of Wireless and Mobile Computing, 2014, 6(7): 549-555.

[ 7 ] Li X B. The space evolution research of economic competition in golden delta counties of the yellow river//Proceedings of the Conference on Informatization in Education, Management and Business (IEMB-14), Guangzhou, 2014: 23-30.

[ 8 ] Cai J F, Candès E J, Shen Z. A singular value thresholding algorithm for matrix completion. SIAM Journal on Optimization, 2010, 20(4): 1956-1982.

[ 9 ] Grasedyck L. Hierarchical singular value decomposition of tensors. SIAM Journal on Matrix Analysis and Applications, 2010, 31(4): 2029-2054.

[10] Chandrasekaran V, Sanghavi S, Parrilo P A. Willsky as rank-sparsity incoherence for matrix decomposition. SIAM Journal on Optimization, 2011, 21(2): 572-596.

[11] Jain P, Meka R, Dhillon I S. Guaranteed rank minimization via singular value projection//Advances in Neural Information Processing Systems, Beijing, 2009: 937-945.

[12] Bach F, Jenatton R, Mairal J, et al. Structured sparsity through convex optimization. Statistical Science, 2012, 27(4): 450-468.

[13] Bach F, Jenatton R, Mairal J, et al. Optimization with sparsity-inducing penalties. Foundations and Trends in Machine Learning, 2012, 4(1): 1-106.

[14] Stoll M. A Krylov-Schur approach to the truncated SVD. Linear Algebra and its Applications, 2012, 436(8): 2795-2806.

[15] Gilbert A C, Park J Y, Wakin M B. Sketched SVD: Recovering spectral features from compressive measurements. Preprint, arXiv: 12110361, 2012: 125-156.

[16] Bullinaria J A, Levy J P. Extracting semantic representations from word co-occurrence statistics: Stop-lists stemming and SVD. Behavior Research Methods, 2012, 44(3): 890-907.

[17] Zaman A, Matsakis P, Brown C, et al. Evaluation of stop word lists in text retrieval using latent semantic indexing//Proceedings of the 6th International Conference on Digital Information Management (ICDIM), Melbourne, 2011: 133-136.

[18] Stathopoulos S, Kalamboukis T. An SVD-bypass latent semantic analysis for image retrieval//Medical Content-Based Retrieval for Clinical Decision Support. Berlin: Springer, 2012: 122-132.

[19] Skretting K, Engan K. Image compression using learned dictionaries by RLS-DLA and compared with K-SVD//Proceedings of the IEEE International Conference on Acoustics, Speech and Signal Processing (ICASSP), Prague, 2011: 1517-1520.

[20] Sadek R A. SVD based image processing applications: State of the art, contributions and Research Challenges. Preprint, arXiv: 12117102, 2012, 3(7): 26-34.

[21] Zepeda J, Guillemot C, Kijak E. Image compression using sparse representations and the iteration-tuned and aligned dictionary. IEEE Journal of Selected Topics in Signal Processing, 2011, 5(5): 1061-1073.

[22] Cetingul H E, Wright M J, Thompson P M, et al. Segmentation of high angular resolution diffusion MRI using sparse riemannian manifold clustering. IEEE Transactions on Medical Imaging, 2014, 33(2): 301-317.

[23] Chen D S, Yang H Z. Multiple model soft sensor based on local reconstruction and fusion manifold clustering. CIESC Journal, 2011, 62(8): 2281-2286.

[24] Li P, Chen C, Bu J J. Clustering analysis using manifold kernel concept factorization. Neurocomputing, 2012, 87: 120-131.

[25] 冯晓磊. 吸引子传播聚类算法研究. 郑州: 解放军信息工程大学, 2011.

[26] Li B W, Zhang Y. Supervised locally linear embedding projection (SLLEP) for machinery fault diagnosis. Mechanical Systems and Signal Processing, 2011, 25(8): 3125-3134.

[27] Matijević G, Prša A, Orosz J A, et al. Kepler eclipsing binary stars. Iii. classification of kepler eclipsing binary light curves with locally linear embedding. The Astronomical Journal, 2012, 143(5): 130-136.

[28] Zhang S W, Lei Y K. Modified locally linear discriminant embedding for plant leaf recognition. Neurocomputing, 2011, 74(14): 2284-2290.

[29] van Eck N J, Waltman L, Dekker R, et al. A comparison of two techniques for bibliometric mapping:

Multidimensional scaling and vos. Journal of the American Society for Information Science and Technology, 2010, 61(12): 2405-2416.

[30] Zhang Z, Chow T W S, Zhao M B. M-isomap: Orthogonal constrained marginal isomap for nonlinear dimensionality reduction. IEEE Transactions on Cybernetics, 2013, 43(1): 180-191.

[31] Thida M, Eng H L, Remagnino P. Laplacian eigenmap with temporal constraints for local abnormality detection in crowded scenes. IEEE Transactions on Cybernetics, 2013, 43(6): 2147-2156.

[32] Hou B, Zhang X R, Ye Q, et al. A novel method for hyperspectral image classification based on laplacian eigenmap pixels distribution-flow. IEEE Journal of Selected Topics in Applied Earth Observations and Remote Sensing, 2013, 6(3): 1602-1618.

[33] Rodriguez A, Laio A. Clustering by fast search and find of density peaks. Science, 2014, 344(6191): 1492-1496.

# 第6章 结论与展望

## 6.1 结 论

数据挖掘一般是指在大量的数据中运用算法搜索隐藏信息的过程。数据挖掘的应用范围非常广泛，包括：经济、军事、商业、科学的数据或卫星观测到的数据等。数据的类型也不尽相同，有数字、符号、图像、声音等。

数据挖掘过程可以大致分为三个阶段：数据准备阶段、数据挖掘阶段、解释评估阶段。数据准备包括三个步骤：数据选取、数据预处理、数据变换。数据选取是为了确定目标数据，即根据需要从原始数据集中选取定量数据。数据预处理通常包含清除噪声数据、计算缺值数据、去除重复数据以及完成数据类型的转换四个方面。数据变换的主要目的是降维，是指在原始属性中找出真正有价值的属性。数据挖掘阶段首先要确定进行数据挖掘的目的，例如，分类、聚类等。确定目的后，选择适合的算法来实现数据挖掘这一过程。在选择算法时，一般要考虑两个因素：第一，不同的研究对象具有不同的特点，因此要选用相关的挖掘算法来解决问题；第二，在用户或者实际问题中运行系统的要求存在不同。通过数据挖掘阶段获得的信息显示，在整个数据挖掘过程中可能存在冗余或者无关的模式，即需要进行剔除；或者存在所得信息不能满足目的需求，即需要返回上一阶段重新进行挖掘，甚至存在更换另一种算法来解决问题的情况时有发生。

数据挖掘过程中需要注意的问题如下。

（1）数据挖掘结果的质量有两个影响因素：即选取数据的数量和质量以及数据挖掘算法的有效性。

（2）数据挖掘的整个过程是一个不断反馈的过程。当在挖掘的过程中存在数据质量不好，或者挖掘技术不能达到预期结果等情况时，需要进行重新选取数据或者是重新设计数据挖掘算法。

（3）可视化在数据挖掘过程中扮演重要角色。一定情况下需要使用直方图、散点图、曲线图等一些可视化手段来显示相关结果。因此，为了更好地解决问题，要充分利用可视化技术，发挥可视化技术的优越性。

聚类是数据挖掘领域中的一个重要分支。聚类是根据数据的不同特征，将其划分成为不同的数据簇。聚类的目的是使得被分到同一类中的数据对象之间相似度尽可能大，而不同类之间数据对象相似度尽可能小。聚类的方法一般包括统计方法、机器学习法、神经网络法以及面向数据库的方法等。统计方法中的聚类主要是基于几何距离的聚类，如欧氏距离等。这种方法是一种基于全局比较的聚类方法，需要考虑所有个体才能决定类的划分，不能动态地新增数据。同时，该方法存在不具有线性的计算复杂度，难以处理大规模数据等缺点。机器学习领域中的聚类过程是一种无导师的学习过程，需要聚类算法完成聚类。

本书在众多的聚类算法中选出 AP 聚类算法来实现对上市公司的绩效评价。与其他聚类算法相比，该算法具有快速、高效、聚类效果稳定且不必预先给定聚类数目的特点，能很好地解决大规模数据处理问题。上市公司绩效评价问题一直是政府、金融监管机构及投资者关注的焦点和难点。然而，目前已有的上市公司绩效评价方法往往计算量大、计算复杂。因此，本书将具有智能背景的 AP 聚类算法引入上市公司绩效评价领域，从而克服传统绩效评价方法所具有的局限性。

本书在 AP 聚类算法的基础上进行了若干改进，并对上市公司绩效进行评价，主要研究内容如下。

（1）鉴于传统的绩效评价算法自身存在一定局限性，同时具有计算量大、计算复杂等不足，分析结果往往不能令人满意。本书在传统的 AP 聚类算法基础上引入变异系数，对吸引子传播方法的相似度计算公式做出相应的改进，从而构建了科学的上市公司绩效评价模型。为了更好地验证该模型的适用性，本书进行了实证分析。以 100 家 A 股上市公司为样本，运用引入变异系数的 AP 评价模型进行上市公司绩效评价。同时将评价结果分别与 AP 聚类算法的聚类结果进行对比。结果表明：引入变异系数的吸引子传播方法用于上市公司绩效评价具有良好的适用性，并且该方法优于 AP 聚类算法。针对上市公司绩效评价问题，本书不仅从方法角度提出了全新的视角，同时实证分析结论也为政府、企业和投资者提供了全新的参考。

（2）采用果蝇优化算法，从智能的角度对样本特征进行赋权。基于此，本书提出了一种智能赋权的 AP 聚类算法。通过获得全局最优特征权值，为样本进行赋权。赋权后的数据能更准确地体现样本之间相似度，较好地指导吸引子传播算法聚类。结果表明，本书提出的新模型对上市公司绩效评价是科学的、有效的。

（3）为了提高具有先验知识样本的学习效果和效率，在 AP 聚类算法基础上，引入半监督学习策略，充分利用少量先验信息引导聚类，并融合多指标面板数据充分提取上市公司时间维度信息，克服了统计方法对多指标面板数据分析时存在的计算量大、计算复杂、灵活性差等弊端，并对聚类结果进行了对比和纵向分析。在此基础上，提出一种综合评价模型，为上市公司评价、金融管理与决策等领域提供又一有效的方法和手段。

（4）传统的 AP 聚类算法对属性较多、信息重叠的高维数据进行聚类分析时，难以找到恰当的类结构，导致聚类结果无法反映真实的数据特征。本书提出一种基于熵权法和主成分分析法的 AP 聚类算法。该算法通过熵权法对样本数据赋权，利用主成分分析对数据降维，融合于 AP 聚类算法中，实现高维数据在低维空间的聚类。通过仿真实验数值结果表明，本书提出的 EWPCA-AP 算法能够有效地消除数据的冗余性，提高聚类的性能。此外，本书将提出的 EWPCA-AP 聚类算法应用于我国经济领域，获得的聚类结果与实际情况相一致，这为我国经济领域提供一种新的智能评价方法。

（5）距离贴近度是模糊数学的重要函数之一，相比欧氏距离，距离贴近度具有消除属性较大值对聚类结果影响的优势，能更好地反映奇异样本数据空间特征的优点。本书将距离贴近度的思想引入到相似度量函数中，与传统的 AP 聚类算法相融合，提出一种基于距离贴近度的 AP 聚类算法。通过 UCI 数据集实验结果表明，本书提出的 CM-AP 聚类算法具有很好的鲁棒性，聚类效果明显提高，同时，拓宽算法处理多种数据的能力。另外，本书将提出的 CM-AP 聚类算法用于我国上市公司评价领域，通过对反映综合盈利能力的财务指标相关数据进行分析，实验结果表明，聚类结果与实际情况相符合，这为投资者选取股票提供可靠的依据，帮助投资者减少投资风险、理性投资。

（6）布谷鸟优化算法是一种新型的、参数少、寻优能力强的群体智能搜索算法。传统的 AP 聚类算法的聚类性能受初始偏向参数选择的影响，鉴于此，本书将布谷鸟优化算法和 AP 聚类算法相融合，提出一种基于布谷鸟优化的半监督 AP 聚类算法。该算法引入半监督的思想，将已带类标签的数据或者成对点约束指导聚类过程，并通过布谷鸟优化算法自动获取最优偏向参数值，以提高聚类性能。通过仿真实验结果表明：CS-SAP 聚类算法与预期期望的结果相符，明显提高算法的聚类效果。

（7）AP 聚类算法是基于欧氏距离进行相似性度量构建的算法。在处理高维数据聚类问题时，高维数据的稀疏性特点，使得以欧氏距离为基础的相似度无法准确地衡量样本点之间的关系，导致算法聚类性能下降。针对此问题，提出了基于奇异值分解的自适应 AP 聚类算法。该算法通过对高维数据进行奇异值分解操作，消除冗余信息，通过奇异值分解逆运算重构数据，进行降维，降低数据规模，提高算法效率；为使算法的收敛更快，提出一种非线性函数策略，根据每次能量函数的收敛情况自适应地调整阻尼系数，加快收敛速度，提升聚类质量。

（8）针对 AP 聚类算法的偏向参数难以调节，致使用户的使用成本上升，无法自适应地获得最佳聚类结果的问题，提出一种基于烟花爆炸优化的半监督 AP 聚类算法。该算法利用已知的成对约束信息调整相似度矩阵，并在此基础上进行吸引子传播。同时，在算法迭代过程中引入烟花爆炸的思想，自适应地双向搜索偏向参数空间，均衡算法的全局探索和局部搜索能力，以获得最佳聚类结构。

（9）为同时优化 AP 聚类算法的偏向参数和阻尼因子，强化 AP 聚类算法的聚类性能，提出基于果蝇优化的自适应 AP 聚类算法，通过将偏向参数和阻尼因子作为果蝇种群，利用果蝇优化算法的全局寻优能力，自适应地搜索两个参数空间，快速、准确地定位最优参数位置。同时根据 Sil 指标合理地调整种群搜寻步长，强化算法的局部寻优能力，从而获得最佳聚类结果，提高算法的聚类性能。

（10）鉴于 AP 聚类算法处理具有复杂结构的数据集时，无法有效识别合理的聚类结构，提出基于结构相似度的半监督自适应 AP 聚类算法该算法。首先通过求解一个核低秩表示的优化问题，发现数据潜在的低维、流形结构信息，构建新的结构相似度。在此基础上利用成对约束信息指导相似度矩阵的更新，并在 AP 聚类算法的迭代过程中融入烟花爆炸优化算法，自适应地双向搜索偏向参数空间，以求达到合理的聚类数目。

（11）提出一种稳定阈值函数优化偏向参数的算法，提高吸引子传播算法对于类空间的搜索准确度。同时采用 Sigmoid 函数作为收敛因子的加速策略，提高算法对高维大数据的处理能力，加快算法的收敛速度。另外，提出在稀疏数据情形下基于属性分布相似度的方法，提高对于稀疏数据的聚类能力。将提出的基于稳定阈值的 AP 聚类算法引入到房地产上市公司财务评价领域，利用 STAP 聚类指数的新概念评价上市公司，为股票投资和上市公司的发展提供一种有效的参考工具，仿真模拟验证表明具有较好的应用前景。

（12）鉴于传统 AP 聚类算法聚类性能受偏向参数的影响很大，提出一种基于约束规则的分布式 AP 算法。该算法利用 $\lambda$ 倒序检验的策略，采用基于约束规则的分布式搜索算法，多种群同时搜索偏向参数空间等方法，捕捉最优聚类结果。

（13）鉴于传统 AP 聚类算法无法聚类流形数据，所以提出 MMHC 算法解决这个问题，MMHC 算法通过建立无向图，构建一种新的基于图的流形聚类，充分利用了传统 AP 聚类算法优秀的球形和凸集数据聚类能力，不断聚合最小簇，从而完成流形聚类。对于 Preference 参数的优化，我们根据聚类结果的稳定性，提出和优化一个稳定模型，以此为理论基础，创建多种优化方法，使得所提算法具有理论上的支撑，并且用标准数据集和真实数据集进行了验证。

## 6.2　展　　望

（1）将 AP 聚类算法与基于密度的聚类算法相结合，利用 AP 聚类算法的特性，获得大量结构紧致的簇类，一定程度上改善数据密度不均匀的情况，再结合密度聚类的思想，将大量的小簇按某种准则进行连接，该做法对偏向参数的设置要求会大大降低。

（2）构建一个高维相似性度量，AP 聚类算法是基于相似度矩阵的聚类算法。因此，相似性度量方式科学与否将直接影响算法的聚类性能。迄今为止，高维数据聚类一直都是研究难点，设计一个科学、合理的高维相似度具有非常重要的意义。

（3）基于 AP 聚类算法的软子空间聚类算法，首先要对数据样本的属性初始化权重，然后设计一个聚类有效性的评价函数，该函数要突出子空间聚类的特点，最后利用群智能算法或其他优化方法进行权重寻优，实现子空间聚类。

（4）构建基于半监督 AP 评价系统，将聚类有效性度量、半监督 AP 模型、各领域数据指标整理形成半监督 AP 评价系统。将已有的评价方法、评价指标等数据指标等融入其中。形成包含多种指标数据、半监督 AP 模型、聚类有效性度量方法为一体关于各领域的评价系统。在此基础上分析总结类间和类内差别。

没有一种算法能够适应于所有的数据类型，需要改进算法以适应多种数据结构，这也是聚类技术令人痴迷的一个特点。但是我们希望找出一种技术框架能够完成大部分数据类型聚类，使得聚类技术的应用更加广泛。

虽然本书提出了若干种改进思路，但是仍旧无法对于结构不一的数据集进行准确聚类，尤其是如何智能地逼近数据集的真实类数，仍旧是未来我们研究聚类技术的重点。对于 AP 聚类算法，在多流形聚类领域上仍旧有可以改进的地方，可以借助子空间技术等相关技术使得吸引子传播算法能够更加兼容多流形聚类，这项工作是作者以后的研究重点。

*Science* 上发表的最新的聚类算法，一种快速的密度峰值的算法也是专注于多结构数据的聚类，希望能够有完整的技术框架解决这个问题。纵观聚类综述性文章，聚类

技术的发展也似乎到达了一种瓶颈,提出了面对各类数据的聚类算法,但是在实际应用过程中,也不可能内置几百种聚类算法,费时费力,所以建立一种聚类框架显得特别重要,能够根据局部特征智能的选择和逼近整体结构,对于噪声又有很好的鲁棒性,使得算法不因为个别奇异数据发生致命的错误。作者认为未来聚类算法的发展不可能只是单一的处理某种或者某类数据,而是朝着更为泛化的方向上发展,增加聚类技术的实用性。

# 彩　　图

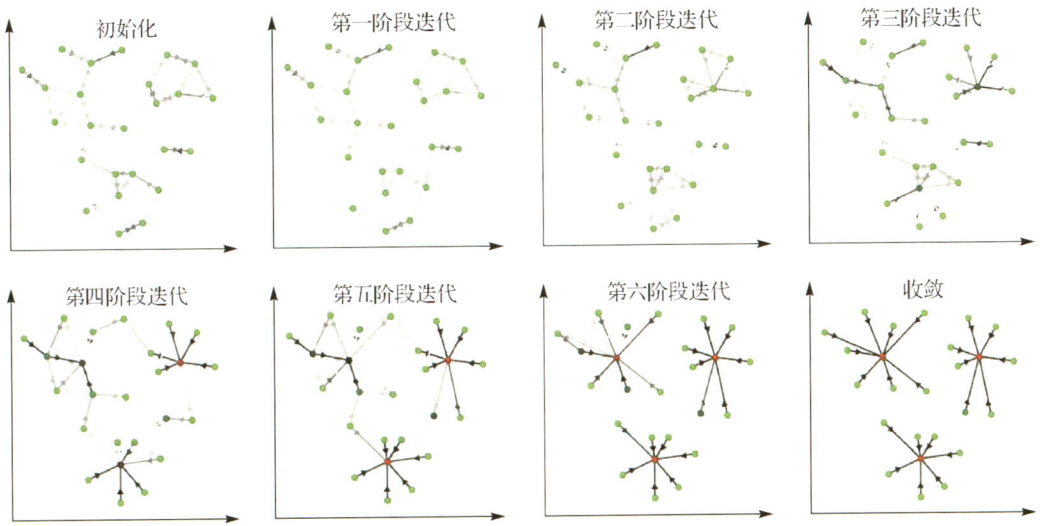

初始化　　　　　第一阶段迭代　　　　第二阶段迭代　　　　第三阶段迭代

第四阶段迭代　　　　第五阶段迭代　　　　第六阶段迭代　　　　收敛

图 2.2　AP 聚类算法迭代过程图

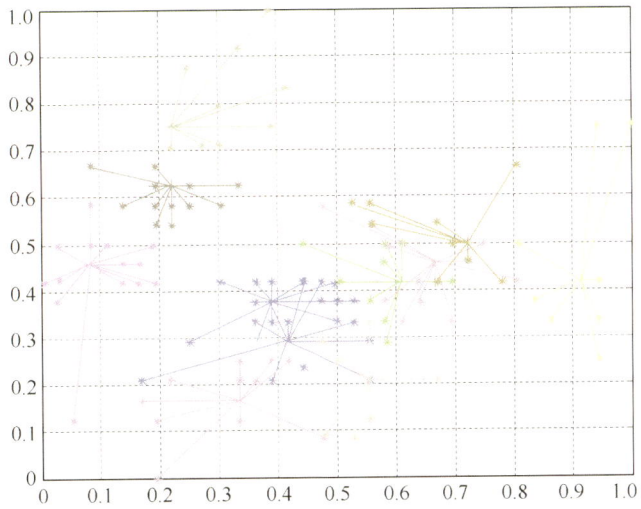

图 3.2　Iris 数据集聚类效果图

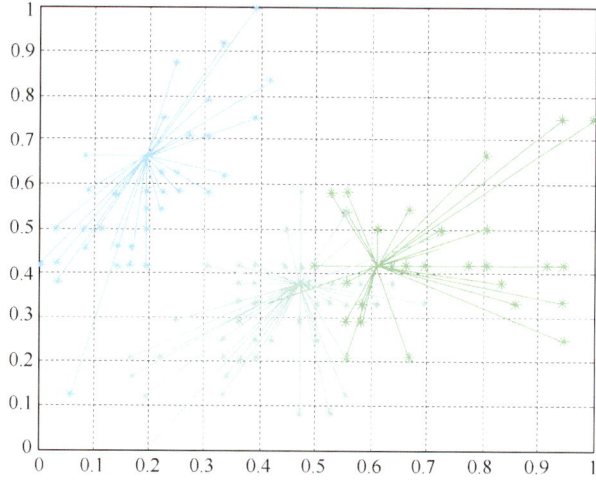

图 3.4　最佳 $P$ 值下的聚类效果图

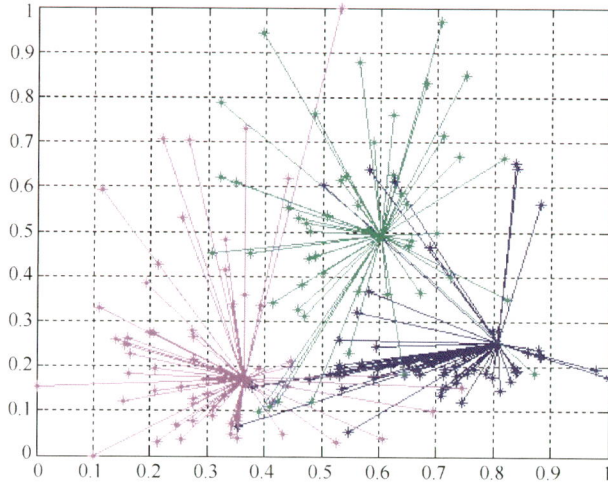

图 3.5　FOA-AP 聚类效果图

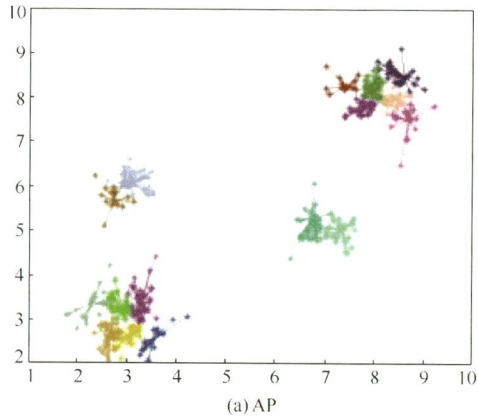

(a) AP

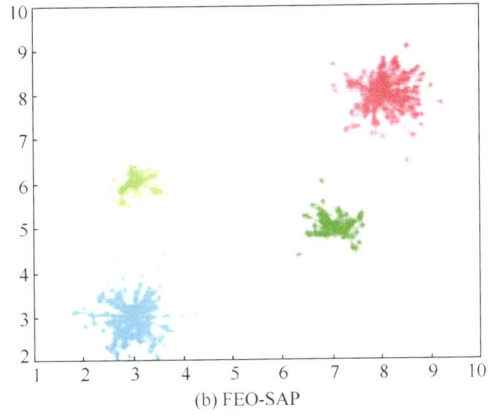

(b) FEO-SAP

图 3.8　AP 和 FEO-SAP 在 4k2 上聚类效果对比

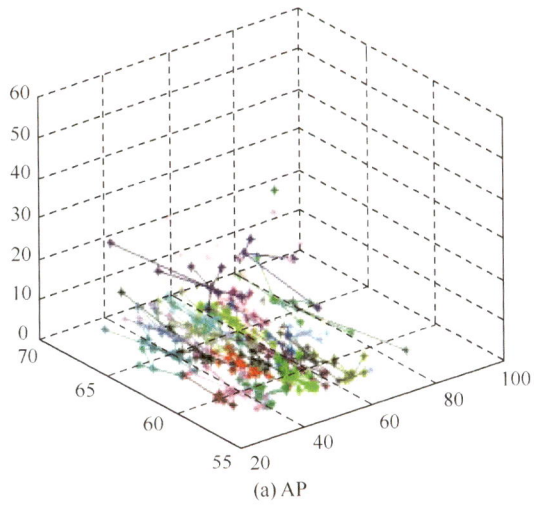

(a) AP

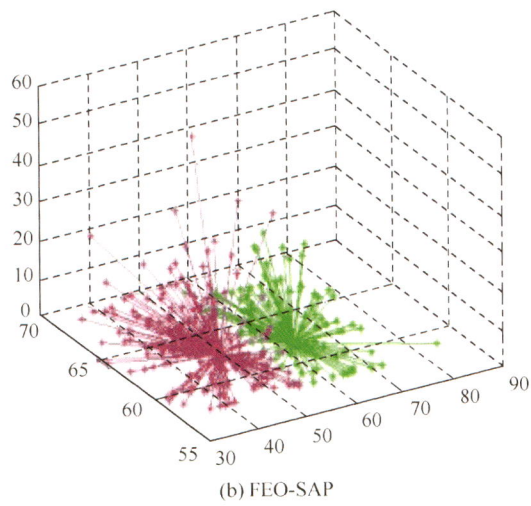

(b) FEO-SAP

图 3.9　AP 和 FEO-SAP 在 Haberman 上聚类效果对比

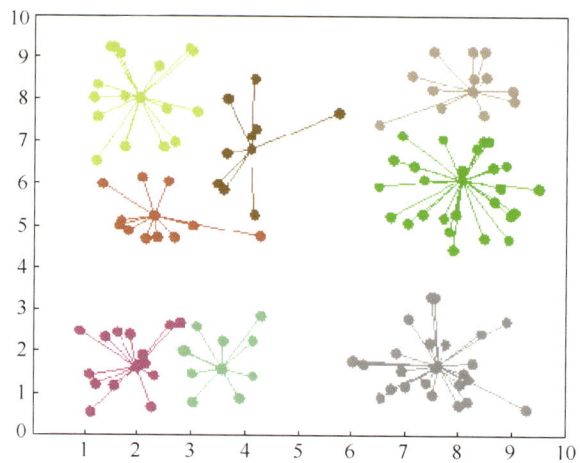

(a)

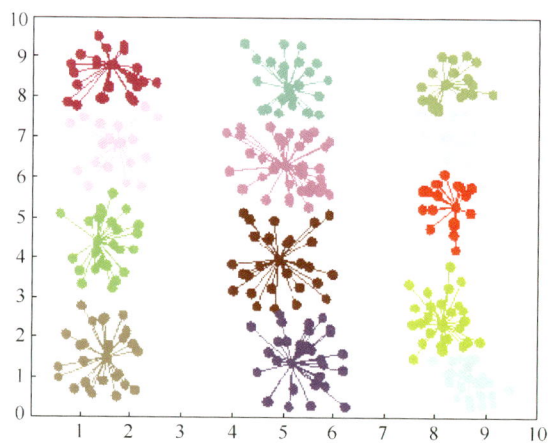

(b)

图 3.12　AP 聚类算法聚类结果（P 为中位数或者最小数）

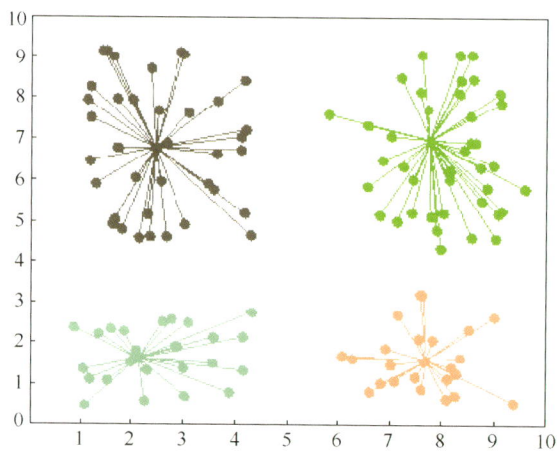

(a)

(b)

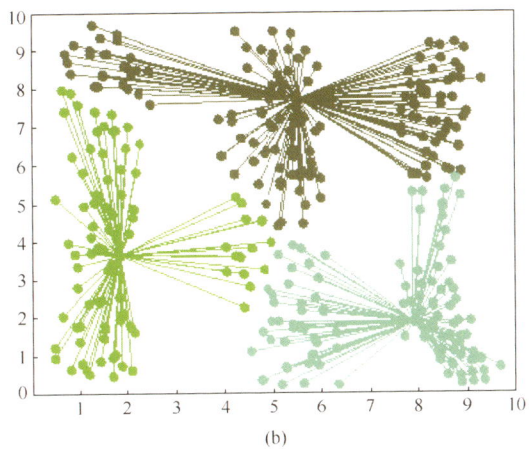

图 3.13    CS-SAP 聚类算法聚类结果

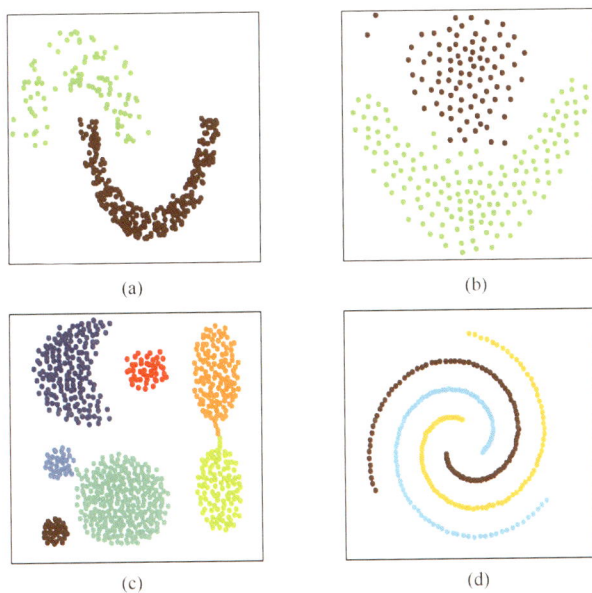

(a)

(b)

(c)

(d)

图 4.17    人工合成数据集

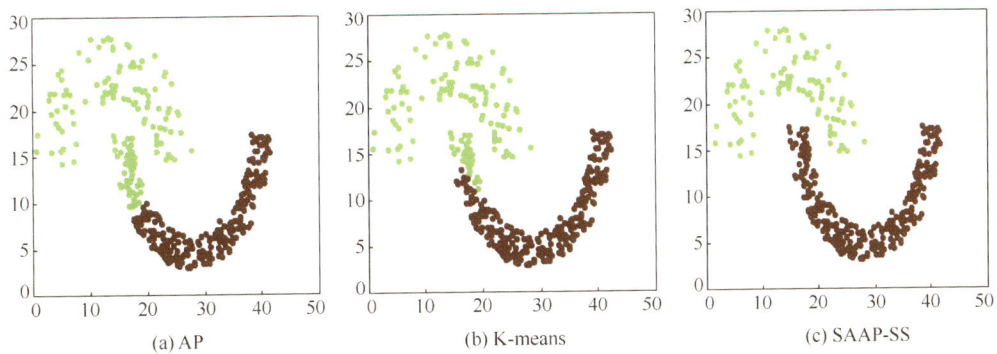

(a) AP

(b) K-means

(c) SAAP-SS

图 4.18    Jain 数据集的聚类结果

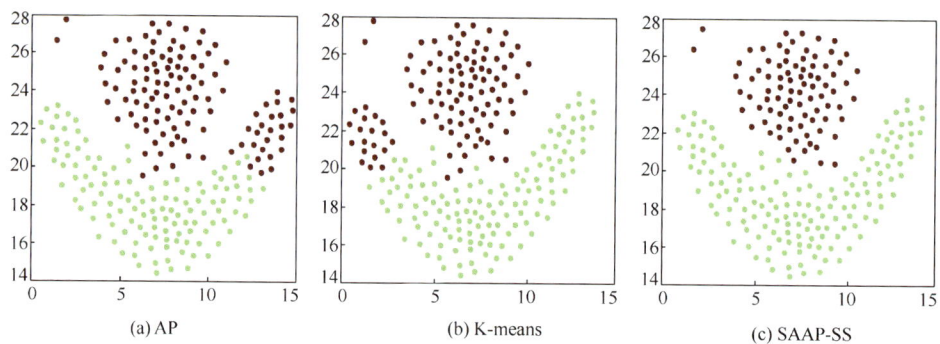
(a) AP  (b) K-means  (c) SAAP-SS

图 4.19  Flame 数据集的聚类结果

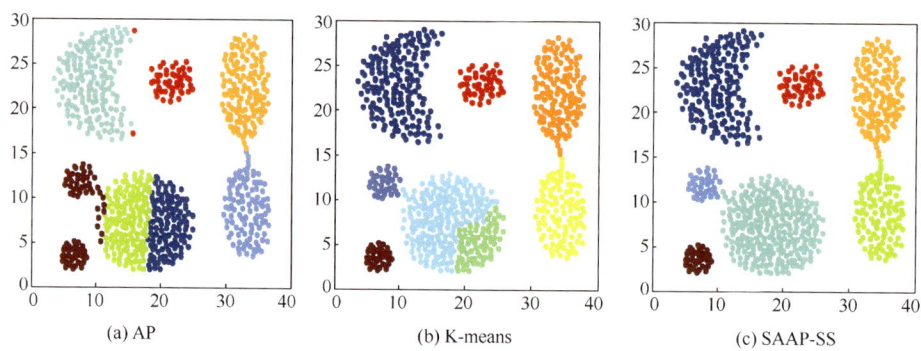
(a) AP  (b) K-means  (c) SAAP-SS

图 4.20  Aggregation 数据集的聚类结果

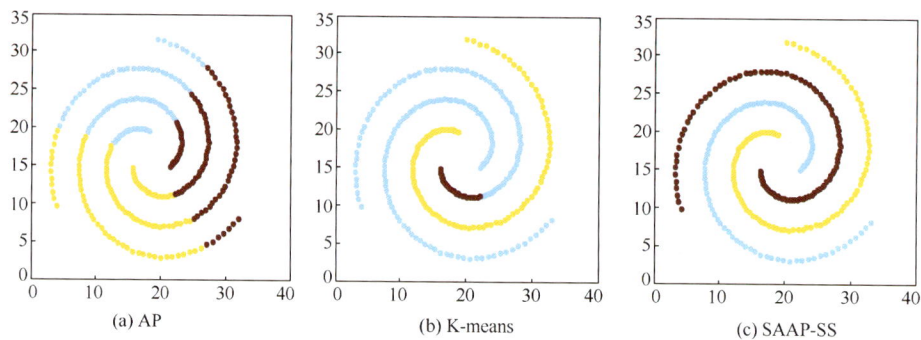
(a) AP  (b) K-means  (c) SAAP-SS

图 4.21  Spiral 数据集的聚类结果

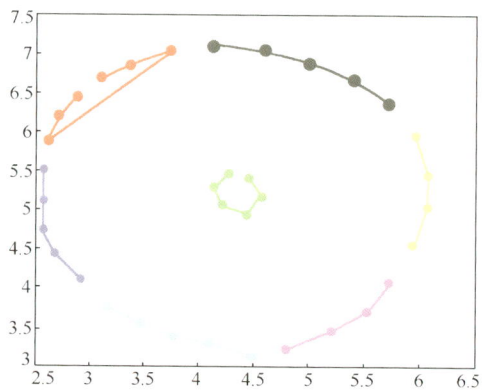

图 5.9  无向图

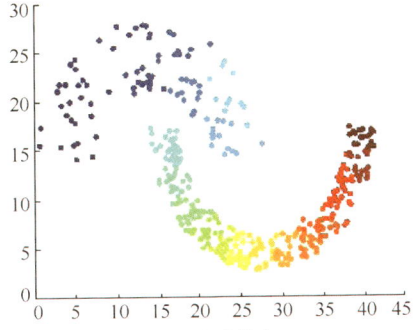

(a) AP聚类算法

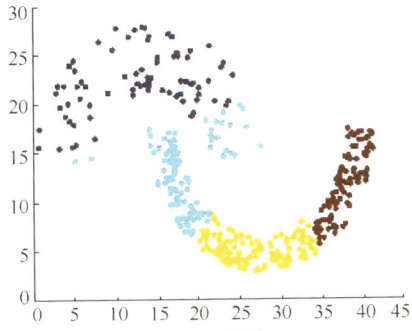

(b) CRAP算法

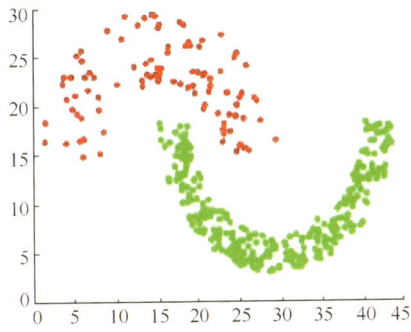

(c) MMHC算法

图 5.10　Jain 数据聚类结果

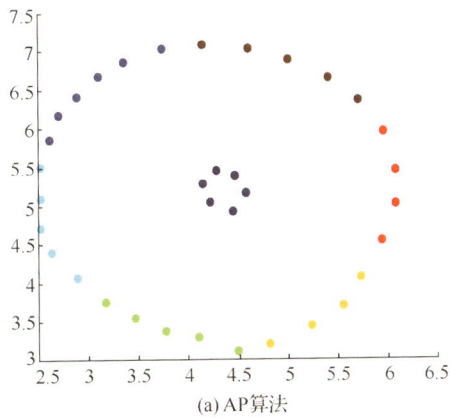

(a) AP算法

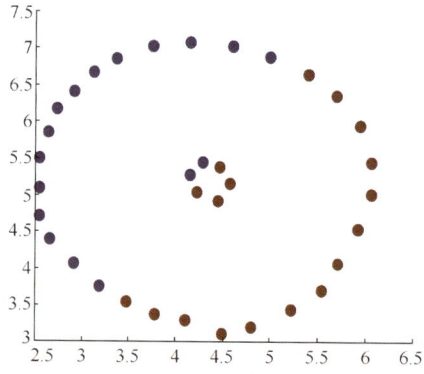

(b) CRAP算法

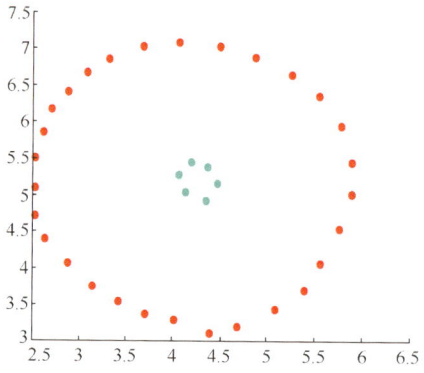

(c) MMHC算法

图 5.11　Concentric circle 数据聚类结果

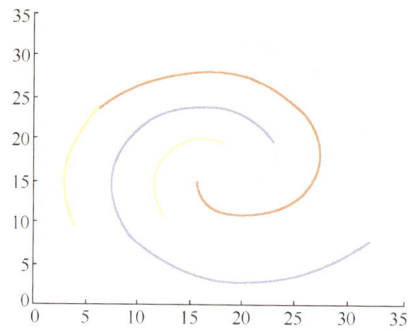

(a) AP聚类算法

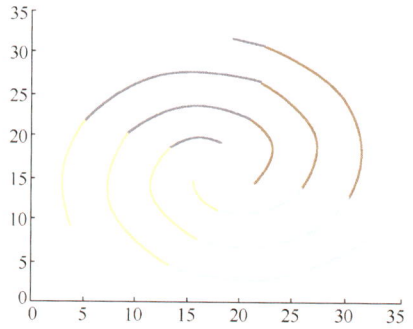

(b) CRAP算法

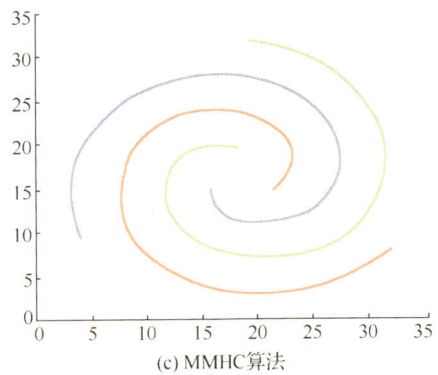

(c) MMHC算法

图 5.12　Spiral 数据聚类结果